So komme ich
beruflich voran

Monika Becht

So komme ich beruflich voran

Karrierestrategien für Frauen

Die Deutsche Bibliothek - CIP-Einheitsaufnahme

Becht, Monika:
So komme ich beruflich voran : Karrierestrategien für
Frauen / Monika Becht. - Mannheim : PAL 1993
  (Frau im Beruf)
  ISBN 3-923614-63-2

Druck: C. Bockfeld, Neustadt
Die Ratschläge dieses Buches sind von der Autorin
und dem Verlag sorgfältig geprüft. Autorin und Verlag
können jedoch keine Garantie geben und schließen
jede Haftung für Personen-, Sach- und Vermögens-
schäden aus.
Der Umwelt zuliebe wurde das Papier dieses Buches
chlorfrei gebleicht.

Inhalt

Einleitung

Meine vielen Erfahrungen aus Beratung und Trainings mit Frauen aus verschiedenen Berufen sind die Grundlage für dieses Buch. Zahlreiche Gespräche mit Klientinnen ergeben folgende Beobachtungen: Frauen, die beruflich vorankommen wollen bewegen sich häufig als Einzelkämpferinnen auf dem beruflichen Spielfeld, nehmen die Spielregeln allzu ernst und verlieren Ihre beruflichen Ziele aus dem Auge

Dieses Buch bietet keinen Karrierekoffer mit Tricks, Kniffen und Bluffs für den Aufstieg, sondern eine bewegliche und handliche Kombitasche, die alles das enthält, was Sie für zukünftige berufliche Spiele benötigen: eine Spielanleitung mit den gängigen Spielregeln, ein Set mentaler Trainingshilfen, Ihren persönlichen Spielplan, Anregungen zur Steigerung Ihrer Spielfreude.

Ob Sie den Job wechseln wollen, sich in den Konflikten an Ihrem Arbeitsplatz festgebissen haben oder betriebliche Spielregeln Ihnen den Aufstieg versperren, das Buch lädt Sie dazu ein, die Chancen der Veränderung zu nutzen und zur Managerin Ihrer eigenen Karriere zu werden. Ich möchte Sie mit Hilfe von konkreten Anleitungen und Informationen auf Ihrem persönlichen Karriereweg begleiten, Ihnen Möglichkeiten aufzeigen, wie Sie als Teamspielerin Spielräume nutzen und die günstigen Bedingungen schaffen können, die Sie Ihren beruflichen Zielen näher bringen.

Monika Becht

1.
Die kleine Inventur

Was heißt „Karriere"?

Woran erkennen Sie eine Karrierefrau? An ihrer Automar-
ke, an der forschen Art, wie sie im Lokal eine Bestellung
aufgibt, an dem Jil Sander–Kostüm, ihrer Kreditkarte, an
dem energischen Laufschritt und daran, daß Freundinnen erzählen, sie hätten privat von ihr schon lange nichts
mehr gehört?

Welche Bilder verknüpfen sich mit dem tradionellen
Bild der Karriere? Die klassische Gedankenverbindung
mit Karriere ist der steile Weg nach oben, der ein hohes
Einkommen, Prestige und Anerkennung verspricht, aber
auch Intrigen, Machtgelüste und Geldgier nach sich
zieht. Oder sprechen wir von der stromlinienförmigen
Karriereplanung, die den lückenlosen Lebenslauf mit
erstklassigen Ausbildungsabschlüssen, Referenzen und
Zeugnissen renommierter Großunternehmen voraus-
setzt? Verbinden wir mit dem Begriff der typischen Karrierefrau streßgeplagte Managerinnen, die ersten Herzin-
farkte, mehr männliche als weibliche Hormone, die 60–
Stunden–Woche, Privatleben ade, bekannt, berühmt, zitiert?

Der Karrierebegriff war bislang männlich definiert, wir
Frauen sind in einer männlich dominierten Karrierewelt
„zur Schule" gegangen. Häufig jedoch deckt sich das

Gelernte nicht mit den eigenen Erfahrungen, den persönlichen und beruflichen Überzeugungen und Bedürfnissen. Frauen haben längst begonnen, die Bedeutung von Karriere neu zu überprüfen und auszulegen. Lassen Sie uns hier beginnen zu „entrümpeln" und mit folgenden alten Mythen aufräumen:

1. Es gibt nur einen Weg, der nach oben führt.
2. Karriere machen heißt, die eigene Seele zu verkaufen.
3. Karriere gemacht haben heißt, es „geschafft" zu haben.

1. Es gibt nur einen Weg, der nach oben führt

In den letzten sechs Jahren hat der Karrierebegriff eine Wandlung erfahren. Er ist durchlässiger geworden. Von „Karriere ohne Position" und von der „weichen Karriere" ist in den Fachzeitschriften die Rede, und zitiert wird die neue Generation erfolgsorientierter Frauen und Männer, die das Leben ebenso genießen wollen wie ihren Beruf. Modern denkende Personalfachleute erkennen, daß die vielseitige Vita der eindimensionalen vorzuziehen ist, weil die beruflichen Anforderungen Menschen brauchen, die umfassend und flexibel denken und handeln können. Das können Sie nur, wenn Sie schon einmal über den Tellerrand des eigenen Berufs hinausgeschaut haben und Erfahrungen und Sichtweisen aus verschiedenen beruflichen Bereichen mitbringen. Diese Sicht kommt der „Patchworkkarriere" vieler Frauen sehr entgegen. Bedingt durch Erziehung und familiäre Umstände sind die beruflichen Wege und Stationen selten aus einem Guß, sondern enthalten unterschiedliche Erfahrungen und Qualifikationen.

Ein Großteil von Frauen macht ihre berufliche Planung von ihrer persönlichen und familiären Situation abhängig und behandelt sie daher nachrangig. Wir alle wissen, daß der Mangel an familiärer und gesellschaftlicher Unterstützung dafür mitverantwortlich ist. An dieser Stelle spreche ich jedoch von der inneren Einstellung und Bereitschaft von Frauen, den eigenen Beruf ernst zu nehmen, denn Karriereplanung erfordert eindeutige Entscheidungen und Prioritäten und die Bereitschaft, die berufliche Zukunft selbst in die Hand zu nehmen. Es gibt viele Wege, die zu einer Karriere führen können; der Weg nach „oben" ist nicht der einzige. Die halbe Stadt kennt Sie aufgrund Ihrer bemerkenswerten Untersuchungen, oder Sie haben jetzt schon die dritte Ausstellung mit Ihren Bildern eröffnet. Wir finden Karrierefrauen in den Unternehmen, in den Studios, Agenturen und in der Selbständigkeit. Sie treten in allen Schattierungen und Gewändern auf, und ihre Karrierewege sind so unterschiedlich wie die Frauen selbst. Sie selbst bestimmen, wie Karriere für Sie aussieht.

2. Karriere machen heißt, die eigene Seele zu verkaufen

„Ich möchte keine Karriere machen" will hin und wieder eine Frau, die meine Beratung aufsucht, gleich klarstellen. So als müsse sie befürchten, daß mit der Zugehörigkeit zu der Gruppe der Karrierefrauen eine Persönlichkeitsveränderung vor sich gehe. „Ganz wie Sie wünschen" antworte ich dann augenzwinkernd. „Ich weiß nicht, ob ich ein Kind will oder Karriere machen" sagte eine andere, und es klingt, als müsse sie sich ein für allemal entscheiden. Quintessenz vieler Gespräche ist die Beobachtung, daß Frauen immer dann vor dem Begriff der Karriere zurückschrecken, wenn sie befürchten, vom Beruf mit Haut und Haaren aufgefressen zu werden und einen hohen Preis dafür zahlen zu müssen. Sehr wohl aber sprechen Frauen davon, worin für sie der Erfolg in der Arbeit besteht. Viele Frauen fragen nach dem Sinn ihrer Arbeit. Sie wollen hinter ihrem Beruf auch ideell stehen können und einen sichtbaren gesellschaftlichen Beitrag leisten, allgemein gesagt: etwas für den Planeten Erde tun.

Claudia Bernardoni und Vera Werner haben bereits 1986 in einer Untersuchung über die Einstellungen erfolgsorientierter Frauen zum beruflichen Aufstieg festgestellt, daß Frauen beruflichen Erfolg (Anerkennung für gute und engagierte Arbeit) vor die formale Karriere (Position, Organisation, Verwaltung) stellen und Karriere nicht um jeden Preis machen wollen. Die inhaltliche Qualität der Arbeit und das Bedürfnis, das Privatleben nicht einschränken zu müssen, haben für viele Frauen Vorrang.

Gleichzeitig gibt es viele Frauen – und ihre Zahl steigt –, die gerade auch die formale Karriere über Position und Gehalt anstreben. Es gibt Frauen, die dieses Unternehmen auch mit Kindern (und der nötigen Unterstützung ihrer Familie) angehen, ohne daß sie unter der Last des beruflichen Engagements zusammenbrechen oder nicht mehr sie selbst sein können. Es gibt da keine fertigen Rezepte. Wie Sie beruflich Karriere machen können, so wie Sie Karriere für sich verstehen, sollten Sie im Zusammenhang mit Ihren gesamten Lebenszielen und Ihrer persönlichen Lebenssituation sehen.

3. Karriere machen heißt, es „geschafft" zu haben
Endstation Karriere – der Ort, wo frau/man beruflich „angekommen" ist und es keiner Wünsche mehr bedarf? Das war einmal. So wie es auch nicht mehr den Lebensberuf gibt, der Sie von der Ausbildungszeit bis zur Pension begleitet, gibt es auch nicht mehr die eine Lebenskarriere. Heutzutage haben wir mehrere Berufe in einem Leben und womöglich mehrere Karrieren. Berufliche Bildung und berufliches Lernen sind nicht mehr an bestimmte Lebensphasen und Altersstufen gebunden und an kein Programm, das einmalig erfüllt für immer Geltung hat. Es geht um lebenslanges Lernen, weil sich die fachlichen Anforderungen und technischen Entwicklun-

gen laufend verändern. Arbeiten und Lernen gehören zusammen (nicht zufällig hat auch das „Training on the job", das Lernen am Arbeitsplatz, auch hierzulande Eingang gefunden), und es wird Zeiten geben, in denen sich die Phasen des Arbeitens mit den Phasen des Lernens abwechseln oder über einen längeren Zeitraum gleichzeitig verlaufen. Es gibt keine Position und keinen Job mehr, wo Sie sich nur zurücklehnen können und von den Erfolgen Ihrer vorangegangenen Arbeit leben können, ohne dafür weiter lernen zu müssen.

Karriere machen ist ein Prozeß, der eigentlich niemals ein Ende hat; deswegen „hat" man sie auch nicht, sondern „macht" sie, d.h. sie lebt von der Bewegung und vom Tun.

Karriere machen bedeutet aus meiner Sicht Spaß am Erfolg, die Bereitschaft, die eigenen Pläne und Ideen umzusetzen, und ein hohes Maß an Selbstverantwortung. Sie wollen Ihre Geschicke selbst in die Hand nehmen, statt sie dem Zufall zu überlassen oder sie in die Hände anderer zu legen. Sie haben das tiefe Bedürfnis, der Welt zu zeigen, was Sie können, und wollen Ihre Fähigkeiten und Interessen optimal nutzen und aktiv einbringen. Ob Sie dabei den Weg nach „oben" wählen, hängt von Ihrer Bereitschaft ab, Verantwortung im größeren Rahmen zu übernehmen und folgewirksame Entscheidungen zu treffen.

Ihre innere Einstellung zur Arbeit

Wie Sie Karriere für sich definieren, hängt davon ab, welchen Stellenwert Arbeit und Beruf für Sie haben und welche Bedürfnisse der Beruf Ihnen erfüllen soll. Unser Verhältnis zu Arbeit und Beruf ist geprägt von der Einstellung, die unsere Eltern zu ihrer Arbeit hatten und an uns weitergaben. Diese Einstellungen finden ihren Ausdruck in bestimmten Bildern oder Redensarten, die uns ins Erwachsenenalter begleiten, z.B.:

Erst die Arbeit und dann das Vergnügen
Schuster bleib' bei deinen Leisten
Ohne Fleiß kein Preis
Was Hänschen nicht lernt, lernt Hans nimmermehr
Wer A sagt, muß auch B sagen
Wer nicht arbeitet, soll auch nicht essen

Diese Redensarten enthalten Vorstellungen und Glaubenssätze zu Arbeit, Leistungen und Erfolg, die uns fördern und oft auch hindern in der Art und Weise, wie wir berufliche Aufgaben und Projekte anpacken, wie wir uns an Neues wagen, wie wir Arbeit und Privatleben ausbalancieren und die Möglichkeiten im beruflichen Weiterkommen wahrnehmen.

Nehmen Sie sich einen Moment Zeit und erinnern Sie sich an die typische Redensart, die in Ihrer Familie häufig die Runde machte und Sie bis heute begleitet:

Unser Familienspruch in bezug auf Arbeit war:

....

Viele dieser Redensarten stehen für eine eher traditionelle Vorstellung von einer beruflichen Laufbahn, die so enden muß wie begonnen, die keine Abweichungen und beruflichen Veränderungen erlaubt und vor allem Ängste schürt, wie die meisten Frauen sie haben, wenn sie eine berufliche Veränderung andenken: Zu alt für eine berufliche Veränderung zu sein. „Ich bin zu alt", um noch einmal beruflich umzusatteln oder eine Umschulung zu beginnen, befürchtet die 28jährige wie die 40jährige. Und gleichzeitig drücken viele Frauen ab 40 wieder die Schulbank, um sich auf ihre zweite oder dritte Karriere vorzubereiten. Ob Sie sich zu alt für eine neue Aufgabe fühlen, hängt auch davon ab, welche Rolle der Beruf in Ihrem Leben spielt und und ob Arbeit, angesichts der Tatsache, daß Sie einen Großteil Ihrer Lebenszeit am Arbeitsplatz verbringen, Spaß machen darf.

Darf Arbeit Spaß machen?

Hilke, 33, ist Erzieherin und betreut Vorschulkinder in einem Kindergarten. Sie ist unzufrieden mit ihrer Arbeit. Die personelle Besetzung ist sehr schlecht, so daß sie mit einer großen Gruppe arbeiten muß. Auch die räumliche Ausstattung (kleine, dunkle Räume, abgewetzte Möbel vom Sperrmüll) erschweren die Arbeit und verhindern die Kreativität, die Hilke mit den Kindern gerne umsetzen würde. Grundsätzlich arbeitet sie gerne mit Kindern, aber sie hat bestimmte Vorstellungen von der Arbeit, die von den anderen zwei Kolleginnen nicht geteilt werden.

Im Beratungsgespräch sprechen wir über ihre Vorstellungen von einem idealen Arbeitsplatz. „Was brauchen Sie in Ihrer Arbeit, um Ihre Fähigkeiten maximal einbringen zu können, um motiviert und erfolgreich arbeiten zu können, um sich wohl zu fühlen und Spaß in der Arbeit zu haben?" frage ich sie. Dabei lege ich ihr 22 Kärtchen mit Begriffen vor, von denen sie sich die sechs wichtigsten heraussucht:

Kreativität (mit kreativen Materialien, z.B. Kreide, Ton etc.) arbeiten
Ästhetik (helle Räume mit freundlichen hellen intakten Möbeln)
Ruhe (kleine Gruppen, niedrige Geräuschkulisse)
Vielfalt (experimentieren mit verschiedenen Materialien/ interessante Menschen, die Anregungen geben)

Anerkennung (fördernde Anerkennung ihrer Arbeit)
Lernen (weitergehende Fortbildungsmöglichkeiten in der pädagogischen Arbeit)

Wenn diese Werte in Hilkes Arbeit vorhanden wären, wie anders sähe ihr Leben aus? Hilke faßt es so zusammen: „Ich kann sein, wie ich bin, ich arbeite mit Gleichgesinnten, ich ziehe mit Kollegen am gleichen Strang, ich schöpfe aus der Arbeit Kraft, die Arbeit macht mir Spaß." Hilke stolpert plötzlich über das Wort und fragt erstaunt: „Darf denn Arbeit Spaß machen?" Sie weiß wie ich, daß die Frage keiner Antwort bedarf. Aber sie zeigt, wie tief verwurzelt die in uns allen steckende Vorstellung ist, daß Arbeit etwas ist, das vom Lebensfluß getrennt ist. Nicht immer müssen Sie wie Hilke die Stelle wechseln, um die Verbindung von Arbeit und Leben zu erfahren. Hilke hatte jedoch festgestellt, daß ihr klareres Verständnis von dem, was sie in der Arbeit brauchte, auf ein anderes pädagogisches Milieu hinwies. Sie bildet sich in der Waldorfpädagogik fort, um dann in einem Waldorfkindergarten anzufangen.

Was brauchen Sie in der Arbeit?

Insgesamt hat sich in der bundesdeutschen Gesellschaft der letzten zehn Jahre in den Köpfen vieler ArbeitnehmerInnen ein Wandel vollzogen in bezug auf die Prioriätenverteilung von Arbeit und Freizeit zugunsten einer stärkeren Betonung der individuellen Freiräume und Interessen. Moderne Unternehmer wissen inzwischen, daß sie motiverte und erfolgsorientierte MitarbeiterInnen erhalten, wenn sie dafür sorgen, daß Beruf und Privatleben im Gleichgewicht sind. Dagegen stoße ich bei den Frauen in meinen Beratungen immer noch auf den Glauben, daß Arbeit und Leistung nur dann von Erfolg gekrönt sind, wenn der Erschöpfungsgrad sichtbar ist. Arbeit muß hart sein, muß anstrengend sein, muß „weh tun", sonst existiert sie nicht. Die Einstellung, daß Frauen zweimal so viel leisten müssen wie Männer, um erfolgreich zu sein, gehört zu den Glaubenssätzen, von denen sich viele Frauen unter einen immensen Leistungsdruck setzen lassen. Ich muß Ihnen nicht erzählen, liebe Leserin, daß viele Untersuchungen mittlerweile bewiesen haben, daß Frauen ihren Berufskollegen in bezug auf Leistungen, Kompetenzen und Lernfähigkeit nicht nachstehen, sondern im Gegenteil oft um Längen voraus sind. Bereits im beruflichen Vorfeld schneiden Mädchen prozentual bei Prüfungen und Ausbildungsabschlüssen besser ab als Jungen. Das Muß des doppelten Einsatzes von Frauen hat keine sachliche Grundlage und bleibt ein Klischee, solange es auch von Ihnen Nahrung erhält. Erfolg im Beruf erfordert Kompetenz, Zielorientiertheit und Ausdauer. Natürlich wird es Zeiten geben, in denen Sie besonders gefordert werden, aber Sie müssen nicht regelmäßig „kaputt" von der Arbeit nach Hause kommen. Arbeit darf leicht sein, und sie darf Spaß machen.

Nehmen Sie sich einen Moment Zeit, um Ihr persönliches Verhältnis zu Arbeit und Beruf zu bestimmen. Welche Einstellung haben Sie zur Arbeit? Betrachten Sie Arbeit als Mittel zum Zweck oder als etwas, in das Sie sich mit Leib und Seele hineingeben? Welche Erwartungen haben Sie in bezug auf den Gewinn für sich selbst?

Arbeit ist für mich ....

Von meinem Beruf erwarte ich ....

Ich muß arbeiten, weil ....

Wenn mich andere Leute nach meiner Arbeit fragen,

sage ich ....

denke ich ....

empfinde ich ....

Um erfolgreich in meiner Arbeit/meinem Beruf zu sein,

....

Bedingungen, die Sie „in Fahrt bringen"

Es mag für Sie ungewohnt sein, darüber nachzudenken, was Sie in der Arbeit brauchen, um in Harmonie mit Ihren Fähigkeiten, Bedürfnissen und Wertvorstellungen arbeiten zu können. Schließlich haben wir den umgekehrten Weg gelernt: uns in das einzupassen, was gegeben ist, statt die Arbeit uns anzupassen. Wie eine Pflanze einen bestimmten Nährboden braucht, um wachsen und gedeihen zu können, brauchen wir ein bestimmtes Arbeitsumfeld, um unsere Fähigkeiten und Stärken optimal einsetzen und entfalten zu können. Wir brauchen ein bestimmtes Klima, um beruflich erfolgreich zu sein. Dabei erfahren wir erst im Laufe mehrerer Berufsjahre, was uns gut bekommt und deshalb ein „Hit" wird, und was uns schlecht bekommt und deshalb ein „Flop" wird.

So gibt es zum Beispiel Frauen, die ein hohes Maß an Betriebsamkeit und produktiven Streß brauchen, bevor sie so richtig in Fahrt kommen, und es gibt andere, die eine solche Dynamik als nervigen Streß erleben und eher darunter leiden, weil ihr persönliches Tempo ein ruhigeres ist. Wieder andere legen großen Wert darauf, daß sie für eine Firma arbeiten, hinter deren Produkt sie auch stehen, für wieder andere ist es das Wichtigste, daß die Kasse stimmt. Wählen Sie aus den folgenden Begriffen die für Sie sechs wichtigsten Bedürfnisse heraus, die Sie in Ihrem Beruf erfüllen möchten:

Anerkennung	(fördernde Rückmeldung von Vorgesetzten zu meiner Leistung)
Weiterbildung	(Fortbildungsangebote und -möglichkeiten)
Sicherheit	(sicherer Arbeitsplatz, gute Sozialleistungen)
Aufstiegsmöglichkeiten	

Image	(Position/ das Unternehmen hat ein gutes Ansehen oder einen guten Ruf)
Ambiente	(positive Gestaltung des Arbeitsplatzes)
Geld	(ein Job, in dem ich gut Geld machen kann)
Selbständigkeit	(in der Gestaltung und Durchführung meiner Arbeit)
Struktur	(klare Anweisungen, überschaubares Arbeitsgebiet)
Offenheit	(offener und direkter Umgangston)
Öffentlichkeit	(häufiger Kontakt mit verschiedenen Menschen jeden Tag, Publikumsverkehr)
Kreativität	(Schöpfung von neuen Ideen, Programmen, Strukturen)
Ruhe	(wenig Betrieb, nicht mit knappen Zeitvorgaben, an einem Ort)
Dynamik	(am besten, es ist immer viel los)
Flexibilität	(in bezug auf Vereinbarungen mit Arbeitszeit)
Vielfalt	(verschiedene, auch wechselnde Aufgabengebiete)
Kompetenz	(Erfahrungen und Wissen voll anwenden zu können)
Verantwortung	(Aufgabenbereiche in eigener Regie)
Herausforderung	(mit immer neuen Aufgaben und Problemen konfrontiert sein, die es zu lösen gilt)
Team	(mit anderen eng zusammenarbeiten mit gemeinsamen Zielen)
Alleine arbeiten	(an Projekten arbeiten ohne wesentlichen kollegialen Kontakt)
Bewegung	(eine Arbeit, die mich nicht nur am Schreibtisch festhält)
Sinngebung	(eine Arbeit, die aus meiner Sicht Sinnvolles schafft)
Werte	(eine Arbeit, die sich mit meinen mora-

lischen und sozialen Wertvorstellungen
deckt)

Wählen Sie nun die für Sie sechs wichtigsten Werte.
Die für mich sechs wichtigsten Werte sind:

1. ....

2. ....

3. ....

4. ....

5. ....

6. ....

Diese sechs Begriffe enthalten Ihre Maßstäbe von erfolgreicher Arbeit. Sie sind eine Orientierung, wenn Sie in
Ihrem Beruf etwas verändern wollen. Ob Sie einen Stellenwechsel oder eine Aufgabenerweiterung anstreben,
diese sechs Prioritäten werden Sie versuchen, umzusetzen, weil Sie Ihnen helfen, erfolgreich zu arbeiten.

„Ich freu' mich aufs Büro" ?

Lassen Sie uns nun fragen, in welchem Verhältnis Ihre
Ansprüche, Wünsche und Erwartungen an Ihre Arbeit zu
den vorgefundenen Gegebenheiten Ihrer momentanen
Arbeitspraxis stehen? Wie geht es Ihnen in Ihrer gegenwärtigen beruflichen Situation? Sind Sie zufrieden und
fühlen sich ausgefüllt? Mit welchen Gefühlen und Erwartungen gehen Sie morgens zur Arbeit und am Ende der
Woche ins Wochenende?

1. Welche der sechs Bedürfnisse sind in meiner jetzigen Arbeit befriedigt, welche bleiben unbefriedigt?

2. Wenn ich ins Büro gehe und durch die Tür trete: Habe ich das Gefühl, daß ich einen Teil meiner Persönlichkeit, meiner Gefühle und Interessen „an der Garderobe" abgeben muß? Wenn ja, welchen?

3. Was sind die Vorzüge meiner gegenwärtigen Arbeitssituation (zum Beispiel Betriebsklima, Gehaltshöhe, gute Verkehrsanbindung und anderes)?

4. Was möchte ich gerne verändern (verändert sehen), und wie möchte ich mich in meiner Arbeit fühlen können?

Ist das Glas für Sie halbleer oder halbvoll?

Nun gibt es zwei Möglichkeiten, Veränderungen anzugehen: indem Sie die äußeren Gegebenheiten ändern (fragen, fordern, die Stelle wechseln etc.) – dazu mehr im Kapitel 5 – , und indem Sie Ihre Haltung zu den Gegebenheiten ändern. Von letzterem soll hier die Rede sein. Ihre innere Einstellung zur Arbeit ist der Schlüssel zum Erfolg. Ob Sie in Ihrer Arbeit mit einem „Nach–mir–die Sintflut"-Gebaren sitzen oder mit vollem Engagement Ihr Bestes geben, ist ein entscheidender Unterschied. Engagement, Eigeninitiative und Belastbarkeit sind persönliche Qualitäten, die auf der Wunschliste von Vorgesetzten an oberster Stelle stehen. Verständlicherweise lieben Chefs und Chefinnen Mitarbeiterinnen, die nicht nur Probleme beklagen, sondern Lösungen anbieten und eine positive, zukunftsorientierte Haltung haben.

Die folgende Gegenüberstellung von positiven und negativen Haltungen verdeutlicht grundverschiedene

Sichtweisen, die den Ausgang von beruflichen und persönlichen Entwicklungen und Beziehungen maßgebend bestimmen. Gehören Sie zu den Jasagerinnen oder Neinsagerinnen?

Sagen Sie häufig:	**Oder:**
Wo ist der Haken?	Wo ist die Gelegenheit?
Das wird nie funktionieren!	Ich sorge dafür, daß es klappt!
Ich kann das einfach nicht.	Ich probiere es aus.
Das weiß ich alles schon.	Was gibt es hier zu lernen?
Ich werde mich blamieren.	Ich werde etwas lernen.
Was ist daran schlecht?	Was ist daran gut?

Es klingt vielleicht so einfach, aber Sie haben die Wahl, ob Sie den Tag zum „Flop" erklären, wenn Ihnen schon morgens die Milch aus dem Kühlschrank entgegenfällt, oder ob Sie sich entscheiden, diesen Tag zu Ihrem Tag zu machen.

Lassen Sie uns das auf Ihre tagtägliche berufliche Situation übertragen: Wenn Sie regelmäßig montags schon das Wochenende herbeisehnen und Ihre Arbeit als ein Übel betrachten, das Sie vom wirklichen Leben abhält, dann werden Sie Mühe haben, tatsächlich Chancen zu erkennen und zu ergreifen. Denn Sie entscheiden sich ab einem bestimmten Punkt, Ihrer Arbeit nicht die positive Energie und Aufmerksamkeit und Wertigkeit zu geben, die sie braucht, um wiederum Sie zu nähren. Ihre Einstellung sagt: Arbeit ist eine Geißel und Sie werden sich dann auch wie eine Gefangene fühlen. Wenn Sie jedoch Ihren Arbeitsplatz als Ort betrachten, wo Sie Ihre Fähigkeiten einbringen und Ihr Wissen erweitern, wo Sie Gemeinschaft und Austausch mit anderen Menschen erleben, Wertschätzung finden und Selbstbewußtsein gewinnen können mit der Einstellung: Arbeit macht Spaß, dann werden Sie die Möglichkeiten und offenen Türen sehen, die Ihnen Chancen eröffnen, um beruflich weiter-zukommen. Denn, wo Lebendigkeit, Bewegung und Lust sind, ist auch der Erfolg nicht weit. Es genügt natürlich nicht, einfach nur positiv zu denken. Erfolg ist immer auch Ergebnis von realistischer Einschätzung einer Situation oder einer Beziehung und den entsprechenden Vorbereitungen. Die Grundstimmung, mit der Sie in Ihrem Beruf stehen, schafft die Atmosphäre und damit die Nähe oder Distanz zu den Menschen in Ihrem Arbeitsumfeld, die Sie haben wollen. Das Vertrauen, das Sie in sich selbst und in andere setzen, fördert Ihre Leistungen und beruflichen Erfolge.

Ihr beruflicher Standort

„Was machen Sie beruflich?" Diese Frage bringt immer wieder viele Frauen ins Schwimmen, und die Antwort fällt dann entweder sehr knapp und allgemein aus oder sehr ausführlich, und die Fragerin weiß am Ende alles über die beruflichen Stationen ihrer Gesprächspartnerin, die sie zur gegenwärtigen Tätigkeit geführt haben, aber wenig darüber, worin ihre aktuelle berufliche Tätigkeit genau besteht. Frauen scheuen die genaue Benennung ihrer Zuständigkeiten, und für viele scheint es immer noch ungewohnt, sich auschließlich über den Beruf aus-zuweisen. Auf die Frage „Was machen Sie beruflich" antworten wir hierzulande mit der Berufszugehörigkeit „ich bin .... (Graphikerin, Bürokauffrau, Abteilungsleiterin für ... etc.)" und sagen damit etwas zu der Position, die viele Frauen sich scheuen, deutlich zu machen. Die Angel-sachsen dagegen antworten auf die Frage nach dem Beruf mit ihrer Tätigkeit „Ich mache Reisefotos für ein Mo-natsmagazin", aus meiner Sicht eine lebendige und akti-ve Form der beruflichen Selbstdarstellung, die zudem aussagekräftiger ist als die reine Berufsbenennung. Es ist absolut wichtig, daß Sie Ihren beruflichen Ausgangspunkt benennen können und Klarheit haben über Ihre beruflichen Aufgaben und Zuständigkeiten, um Ihren weiteren beruflichen Kurs zu bestimmen. Dazu gehört eben auch eine Bestandsaufnahme des Istzustandes. Aus den Erfahrungen meiner Beratungspraxis weiß ich aber auch, daß es nicht nur Bescheidenheit ist, die Frauen nicht über ihre jetzige Aufgabe reden läßt, sondern die fehlende Klarheit ihrer Aufgaben. Darüber hinaus gibt es auch am Arbeitsplatz oft eine Art unbezahlte „Hausfrauenarbeit", denn viele Frauen übernehmen Aufgabenbereiche von Kollegen und Kolleginnen bis hin zu Abteilungsleiterfunktionen, ohne entsprechende Honorierung mit der formalen Position und Gehaltsstufe. In vielen Unternehmen existieren keine genauen Aufgaben– und Stellenbeschreibungen, oder sie sind hoffnungslos veraltet und entsprechen nicht mehr der aktuellen Position. Stellenbeschreibungen beschreiben die Aufgaben, Entscheidungs– und Weisungsbefugnisse und Vollmachten und sind somit ein wichtiger Orientierungsrahmen und die gemeinsame Diskussionsgrundlage für Beurteilungsgespräche und Ihre Karriereplanung. Sorgen Sie für eine aktuelle Stellenbeschreibung Ihrer Position, denn für Ihr berufliches Weiterkommen ist es von Bedeutung, daß Ihr Aufgabenbereich auch dokumentiert ist. Diese Form der Verbindlichkeit hilft Ihnen und Ihren Vorgesetzten, die Ziele Ihres Aufgabenbereichs zu überprüfen, und sie hilft Ihnen, Ihre wirklichen Aufgaben von den sogenannten „Hausfrauenarbeiten" abzugrenzen.

Auch wenn Ihnen jetzt keine Stellenbeschreibung zur Verfügung steht, überlegen Sie für einen Moment, was Ihr Aufgabenbereich umfaßt. Für welche Position wurden Sie eingestellt? Haben sich seit Beginn Ihrer Tätigkeit die Aufgaben verändert? Was machen Sie zum gegenwärtigen Zeitpunkt?

Was machen Sie beruflich?

Von Beruf bin ich ....
Ziele und Aufgaben meiner jetzigen Stelle ....
Ich bin zuständig für ....
Mein Spezialgebiet ist ....
In meinem Unternehmen ist bekannt/weiß mein(e) Che-
fIn, daß ich die Ansprechpartnerin bin für ....

Inventur machen

Wenn Sie ein Produkt erfolgreich verkaufen wollen, sollten Sie Vorteile und Nachteile bestens kennen und von
der Qualität überzeugt sein. Stellen Sie sich vor, Sie sind
Ihr bestes Produkt und sollen Ihren „Markt" (Ihre Vorgesetzten, Kund/Innen und andere Unternehmen) von Ihrer
Qualität überzeugen. Wissen Sie denn eigentlich selbst,
wie gut Sie sind? Die Voraussetzung ist, daß Sie sich gut
kennen müssen, um herauszufinden, was alles in Ihnen
steckt. Die meisten Frauen finden keine Worte für Ihre
Qualitäten und Fähigkeiten und bleiben meist bei einer
Beschreibung Ihrer Tätigkeit hängen (mit der EDV arbeiten, Veranstaltungen organisieren etc.) Dabei ist es absolut notwendig für Ihr berufliches Weiterkommen, daß Sie
Ihre Qualitäten kennen und Ihre Leistungen bewerten,
damit Sie Maßstäbe für Ihre Ziele setzen und einschätzen können, wo Sie zusätzliche Weiterbildung benötigen.
Der erste Schritt für eine realistische Selbsteinschätzung
liegt darin, Ihre Leistungen regelmäßig zu überprüfen, sie
ins Verhältnis zu den Leistungen Ihrer KollegInnen zu
setzen und den Austausch zu suchen. Mit Hilfe der vorherigen Übung haben Sie bereits Ihren Aufgabenbereich
beschrieben. Führen Sie eine Weile Buch über Ihre Aufgaben, damit Sie einen Überblick über den Umfang und
die Qualität Ihrer Aufgaben erhalten.

Das Arbeitsjournal

	Mo	Di	Mi	Do	Fr
8 – 9					
9 – 10					
10 – 11					
11 – 12					
Mittag					
13 – 14					
14 – 15					
15 – 16					
16 – 17					

Wo liegen Ihre Stärken und Schwächen?

Nun kommen wir zu einer Bewertung der Aufgaben und Ihrer Fähigkeiten. Dazu müssen Sie wissen, daß Ihre Fähigkeiten folgende drei Kompetenzen umfassen: Ihre fachlichen und sozialen Kompetenzen und Ihren Arbeitsstil. Die fachlichen Kompetenzen enthalten die konkret fachlichen Kenntnisse, die Sie in der Regel über Ausbildung oder Fortbildung erwerben; die sozialen Kompetenzen beziehen sich auf den sozialen Umgang mit den anderen: wie Sie mit anderen reden, verhandeln, Konflikte lösen, arbeiten; Ihr Arbeitsstil enthält die Art und Weise, wie Sie sich selbst organisieren, Ihre Arbeitsstruktur, die zum Tragen kommt, wenn es um Vereinbarungen, Termineinhaltung, Verbindlichkeit geht etc.

Ihre Kompetenzen

Fachliche K.	Soziale K.	Arbeitsstil
Fachwissen	Kommunikationsf.	Pünktlichkeit
Fertigkeiten	Teamfähigkeit	Sorgfalt
Abstraktions-	Kompromißfähigk.	Flexibilität
vermögen		
Sprachlicher	Verantwortung	Zielorientiertheit
Ausdruck	Selbstmotivation	Belastbarkeit

Machen Sie Ihre Fähigkeiten nicht nur daran fest, was Sie in Ihrer Ausbildung gelernt haben. Wir eignen uns Wissen und Fähigkeiten auf verschiedenem Wege an: über die Ausbildung, über das Machen, über Seminare und über das Zuhören, Lesen, mit anderen Menschen reden. Nach einer Ausbildung beginnt das eigentliche Lernen erst im beruflichen Alltag. Und im Laufe einiger Berufsjahre finden wir heraus, was wir wirklich gut können und was weniger gut. Oftmals entwickeln wir sogar Fähigkeiten, von deren Existenz wir gar nichts wußten und die mehr zufällig, weil wir eine Aufgabe übernommen haben, zutage getreten sind.

Die folgenden Checklisten helfen Ihnen, das zu klären: Erstellen Sie eine Inventurliste und listen Sie die Fertigkeiten, Fähigkeiten und das Wissen auf, die Sie sich in Ihren Berufsjahren angeeignet haben. Bewerten Sie an dieser Stelle noch nicht, sondern schreiben einfach nur chronologisch auf, was Sie in Ihrer bisherigen Berufszeit gelernt haben, über Ausbildung, über das Machen, über Seminare, Lesen etc:

Mein Fachwissen
Inventurliste 1

Jahr	Kenntnisse, Fähigkeiten, Wissen

Wichtig ist aber nicht nur, was Sie wissen und können, sondern auch, wie Sie Ihre Aufgaben anpacken und was Sie davon persönlich auch „rüberbringen". Auch hier gibt es kein gut oder schlecht, sondern verschiedene Qualitäten.

Inventurliste 2
Wie ist mein Arbeitsstil?

Ich arbeite sehr:
genau
methodisch
im Detail sehend
im großen Zusammenhang sehend
ruhig
impulsiv
praktisch
analytisch
unkonventionell
schnell
pünktlich
sachorientiert
personenorientiert
flexibel
beständig
ausdauernd
geduldig
ungeduldig
kreativ
zuverlässig

Die erfolgreiche Zusammenarbeit mit Kolleg/Innen, aber auch der positive Ausgang von Projekten und Gesprächen hängt davon ab, welche persönlichen Eigenschaften und Qualitäten wir besitzen. Wie schätzen Sie sich selbst ein? Die folgende Checkliste können Sie auch Ihren Kolleg/Innen (sofern ein vertrauensvolles Verhältnis herrscht), Ihrem Chef oder Ihrer Chefin und Ihren Freund/Innen einmal vorlegen. Die Skala von -3 bis +3 bewertet, ob eine Eigenschaft extrem schwach (-3) oder sehr stark (+3) ausgeprägt ist.

Inventurliste 3
Meine persönlichen Eigenschaften

Wie schätze ich mich selbst ein?

Merkmale	schwach ausgeprägt			stark ausgeprägt		
	- 3	-2	-1	+1	+2	+3
sachlich–nüchtern						
selbstbewußt						
takträftig, aktiv						
entschlossen						
temperamentvoll						
anpassungsfähig						
selbstbeherrscht						
aufgeschlossen						
schlagfertig						
zielstrebig						
begeisterungsfähig						
vielseitig						
ehrgeizig						
belastbar						
kontaktfreudig						
spontan						
tolerant						
sensibel						
ausgeglichen						
kompromißbereit						
optimistisch						
mutig						
lernbereit						
hilfsbereit						
teamfähig						
kritikfähig						
unsicher						
aggressiv						
fähig, andere zu beeinflussen						

Wo liegt Ihre Spezialität?

Wann sind Sie mit dem, was Sie können, erfolgreich? Wenn Sie etwas tun, was Ihnen Spaß macht und was sich mit Gelerntem und natürlichen Begabungen optimal verbindet. Sie merken es daran, daß Ihnen Dinge leichter fallen als andere, müheloser von der Hand gehen. Und dann gibt es Tätigkeiten, die für Sie mit großer innerer Anstrengung und mit Kräfteaufwand verbunden sind und die Sie deshalb einfach nicht gerne machen. Natürliche Begabungen sind eine Mixtur aus persönlichen Eigenschaften und Fertigkeiten, für die wir schon als Kind bekannt waren, z.B.: schnell im Organisieren, gewitzt im Improvisieren, kundig im Einholen von Informationen. Ohne Zweifel spielt die Förderung und Anregung im Elternhaus eine große Rolle und auch die geschlechtsspezifische Erziehung, die in vielen Frauen Fähigkeiten herausgebildet haben, die heutzutage als frauentypisch gelten und wieder Konjunktur genießen: Team- und Kooperationsfähigkeit, Einfühlungsvermögen etc. Darüber hinaus gibt es aber auch eine individuelle Ausprägung in jeder Frau, die es gezielt zu nutzen gilt.

Gerda S. ist PR-Assistentin und sitzt an einer Stelle, wo sie ständig mit verschiedenen Leuten verhandeln und reden muß. Sie verbringt die meiste Zeit am Telefon. Abends ist sie einfach total erschöpft. Und nach einiger Zeit weiß sie auch warum. Das ständige Reden frißt sie auf, weil es ungeheuer anstrengend für sie ist. Nicht, daß sie es nicht könnte, aber es „liegt" ihr nicht. Viel lieber würde sie an der neuen Infozeitung weiterarbeiten, Konzepte erstellen und andere Arbeiten machen, die ihr Raum lassen, Ideen zu entwickeln. Ihre Kollegin Heike ist das genaue Gegenteil. Heike hält es nicht lange am Schreibtisch aus. Wenn die Texte reden könnten, wäre es anders. Heike hat auch nicht so ein gutes Sprachgefühl wie Gerda. Sie ist einfach die Frau, für die Kommunizieren das täglich Brot ist. Sie entwickelt Ideen, während sie mit anderen redet, und das fällt ihr leicht, es „liegt" ihr, sie ist im Gegensatz zu Gerda am Ende des Tages so richtig aufgetankt.

Überprüfen Sie, ob Ihre Fähigkeiten und Interessen genügend Raum in Ihrer Arbeit haben.

Welche Interessen und Fähigkeiten kann ich zur Zeit beruflich nicht nutzen oder ausprobieren?

....

....

Wie entdecken Sie, worin Sie besonders gut sind? Bisher haben Sie Ihren Aufgabenbereich benannt, über Ihre Tätigkeiten mit einem Arbeitsjournal Buch geführt, beobachtet, was davon Ihnen besonders Spaß macht und Ihnen leicht fällt. Nun gibt es besondere Erlebnisse und Höhepunkte in unserem Leben, wo uns etwas besonders gut gelingt und wir auf „Gold" stoßen. Oder wir nehmen eine besondere Rolle ein, in der wir uns ausgesprochen wohl fühlen und die uns sozusagen auf den Leib geschnitten scheint.

Gerda entdeckt zum Beispiel beim Organisieren von Tagungen für ihren Chef ihr fast stabsähnliches Planungstalent. Sie arbeitet klar strukturiert und systematisch und denkt im großen Zusammenhang. Sie koordiniert und delegiert, obwohl sie nicht die große Talkmasterin ist. Gerda hat das alles nicht in einer Ausbildung gelernt, sondern ihre natürliche Begabung für solche Abläufe im Beruf weiterentwickelt. In ihren nebenberuflichen Aktivitäten und Rollen als Reiseleiterin und Fitneßtrainerin hat sie ein Feld gefunden, in dem sie diese Stärken entfalten kann.

Diese sogenannten „Goldstücke" sollten Sie gut speichern, sonst fallen sie durch das Maschennetz der Erinnerung und stehen Ihnen als bewährtes Wissen nicht zur Verfügung. Im Gegensatz zu vielen Männern, die ihre Erfolge aufs Konto ihrer Kompetenz rechnen und Mißerfolge mit Pech erklären, tun viele Frauen ihre Erfolge als Glück oder Zufallstreffer ab und rechnen ihre Mißerfolge ihrer mangelnden Kompetenz an. Die Konsequenz ist, daß Ihnen die Mißerfolge in Erinnerung bleiben und unverhältnismäßig viel Raum einnehmen. Das ist fatal (und im übrigen nur die halbe Wahrheit), denn was Sie verleugnen und damit nicht existiert, kann nicht abgerufen werden und bleibt ein Zufallstreffer.

Denken Sie an eine berufliche (oder außerberufliche) Situation, die Sie positiv in Erinnerung haben, weil Sie sich für etwas mit Leib und Seele engagiert haben. Es hat Ihnen Spaß gemacht und Sie waren mit dem Ergebnis sehr zufrieden. Beschreiben Sie die Situation und Ihre Aktivitäten dabei sehr genau. Was hat zu dem Gelingen beigetragen?

Was war Ihr Erfolgsrezept?

....

Meine Anregung: Führen Sie ein Erfolgsjournal, das alle positiven kleinen und großen Erfahrungen und Leistungen enthält, die Sie tagtäglich machen. Dazu gehören auch die positiven Rückmeldungen von Ihren Vorgesetzten, KollegInnen, FreundInnen und Bekannten. Ich schließe bewußt auch den privaten Bereich ein – damit meine ich nicht sämtliche Liebeserklärungen Ihrer Partner oder Partnerinnen –, sondern die ganz alltäglichen anerkennenden Worte und Beobachtungen von FreundInnen z.B.: („Du kannst wirklich gut zuhören" oder „Ich bewundere deine Art, in Geschäften zu verhandeln."). Auf Ihren beruflichen Bereich bezogen könnte so eine Notiz folgendermaßen vermerkt werden:

Gerdas Erfolgsjournal sieht so aus:

Datum	Leistungen/Aufgaben	Rückmeldungen
11.02.92	Tagungsbroschüre fertig	Herr M. lobt Aufma-chung
02.04.92	neue Veranstaltungsidee für Fa. Meyer entwickelt	
18.06.92	Problem „Enno" gelöst	Heike findet, ich ha-be Improvisationsta-lent

Das Erfolgsjournal bietet wichtiges Informationsmaterial für künftige Gehaltsforderungen und zeigt Ihnen schwarz auf weiß, wo Sie in Ihrer Karriere stehen. Kennen Sie die Wirkung der Erfolgsspirale? Sie machen eine Sache gut, erhalten Anerkennung und werden bestätigt. Das wiederum bestärkt Ihr Selbstbewußtsein und fördert das Gelingen neuer Aufgaben. Auch das Aufschreiben Ihrer „Erfolge" und das Reden darüber haben einen Verstärkungseffekt, weil es zu speichern hilft. Wenn einmal Ihr Selbstvertrauen auf dem Nullpunkt ist, blättern Sie in Ihrem Erfolgsjournal, das hebt die Stimmung.

Beweisen Sie, was Sie können

Worin besteht nun Ihr besonderer Beitrag für Ihr Unternehmen? Es genügt für Gerda nicht, zu wissen, daß sie gut Konzepte erstellen kann. Sie muß es auch belegen können. Geben Sie konkrete Beispiele für Ihre fachlichen und persönlichen Qualitäten. So sieht Gerdas Arbeitsjournal aus:

Fähigkeiten	Belege
Offenheit für neue Ideen	Umstrukturierung von Büro
Gute Planungsfähigkeiten	2 Großtagungen von 500 Teil-nehmerInnen organisiert
Überzeugungsfähigkeiten	Einen Großkunden gewonnen

Wie sieht Ihre Inventurliste aus?

Persönliche und fachliche Fähigkeiten	Wo bewiesen?

Welchen Nutzen und welche Vorteile biete ich mit meinen Kompetenzen für meinen Chef/meine Chefin? für meine Abteilung? für mein Unternehmen?

Sie haben sich nun bereits Gedanken gemacht zu Ihrer Einstellung zur Arbeit und haben herausgefunden, welche Maßstäbe Sie an Ihren idealen Beruf anlegen. Sie haben Wunsch und Realität überprüft und gesehen, was es für Sie zu verändern gilt. Sie haben Informationen gesammelt zu Ihren persönlichen und fachlichen Qualitäten und Fähigkeiten und haben Ihren individuellen Beitrag in Ihrem Unternehmen ausgemacht. Wie es weitergehen kann, können Sie möglicherweise jetzt noch nicht beantworten, aber den Ausgangspunkt Ihrer Überlegungen benennen. Was möchten Sie verändern? Vor welcher Entscheidung stehen Sie? Stellen Sie Ihre eigene Diagnose. Sie werden Gelegenheit haben, am Schluß des Buches Ihre vorab getroffene Aussage noch einmal zu überprüfen.

Ich möchte:
die Stelle wechseln
den Beruf wechseln
eine Ausbildung beginnen
eine höhere Position besetzen
mehr verdienen
neue Aufgaben übernehmen
Arbeit mit mehr Verantwortung
weniger arbeiten
mich selbständig machen
Anderes

Zusammenfassung

- Karriere und/oder Erfolg: Sie setzen die Maßstäbe.
- Ihre Einstellung zum Beruf bestimmt Ihren beruflichen Erfolg.
- Arbeit darf Spaß machen.
- Die Inventur ist der Ausgangspunkt für Ihren beruflichen „Fahrplan".

2.
Visionen

„Wer bist denn Du?" fragte die Raupe. „Ich, ich weiß es selbst kaum, nach alldem – das heißt, wer ich war, heute früh beim Aufstehen, das weiß ich schon, aber ich muß seither wohl mehrere Male verändert worden sein", antwortet Alice (aus: Alice im Wunderland von Lewis Carroll)

Alles soll anders werden

Vielleicht haben auch Sie schon Zeiten erlebt, in denen alles in Bewegung gerät und Sie das Gefühl haben, den Boden unter den Füßen zu verlieren. Zeiten, in denen Sie morgens aufwachen und nicht mehr wissen, wer Sie sind und wohin die weitere Reise beruflich und persönlich gehen soll. Klar ist nur eins: Nichts stimmt mehr, so wie es ist, und alles soll anders werden.

Im Laufe unseres Lebens verändern wir uns, die inneren und äußeren Umstände in unserem Leben verändern sich viele Male. Unser Leben verläuft nicht gradlinig (linear), sondern in Zyklen. Die Einsichten und Erfahrungen, in welchen Altersstadien Lernen, Arbeiten, der Karrierehöhepunkt und der berufliche Rückzug stattfinden sollen, haben sich in den letzten 20 Jahren entscheidend verändert. Die Übergänge von Jugend zum Alter scheinen fließend. Wir leben länger, wir haben lange Ausbildungszeiten und werden spät Mutter. Unsere Lebensentwürfe und –formen sind andere als vor zehn Jahren. Und natürlich verändern wir uns individuell fortwährend. Mit 35 haben wir andere Bedürfnisse als mit 25, und mit 45 haben wir andere Prioritäten als mit 35. So kommt es, daß Frauen mit 35 noch einmal studieren, mit 42 ihre zweite oder dritte Ausbildung beginnen und sich mit 58 selbständig machen. Wir leben in einer Zeit, in der das einzig Beständige der Wandel ist. Ständig entstehen neue Berufe, und wir sind gefordert, unser berufliches Wissen alle paar Jahre aufzufrischen und zu erweitern. Die wirtschaftliche Situation zwingt viele Frauen und Männer, beruflich umzusatteln.

Veränderungen sind also ein ganz natürlicher Prozeß und verursachen doch jedesmal so viele Schmerzen. Wir wollen etwas verändern, aber doch vieles beim alten lassen. Oder alles verändern und das sofort. Oder darauf warten, daß andere verändern? Wir haben ein gespaltenes Verhältnis zu Veränderungen. Umbruchsituationen bringen oft Ungewißheit, Verunsicherung und Orientierungslosigkeit mit sich. Wir können es - als schließlich erwachsene und reife Frauen - kaum ertragen, nicht zu wissen, was wir wollen und mit einem „Ich weiß noch nicht" auf die hundertste Frage der Freundin, wie es weitergehen soll, zu antworten. Offenbar stellen Veränderungen auch für scheinbar Nichtbeteiligte eine Bedrohung dar: Was, du ziehst um? Du willst wirklich die Stelle wechseln, dich von deinem Partner trennen, deine schönen langen Haare abschneiden lassen? Veränderungen lösen in uns und anderen oft große Existenz– und Verlustängste aus. Unstetigkeit und eine gewisse Bindungslosigkeit werden mit ihnen in Verbindung gebracht. Aber wer hat nicht schon einmal davon geträumt, alles hinter sich zu lassen und die „Ich-geh-nur-mal-Zigaretten-holen"-Auf- und-Davon-Variante auszuprobieren? Und da kommen wir nun, die beste Freundin, und tun es einfach. Wir treten einfach aus dem „Club der Leidgeprüften" aus. Freundinnen und Freunde finden dann viele Gründe, uns von Veränderungen abzuhalten.

Bereits im Kleinen tun wir uns schwer, etwas zu verändern. Wir haben eine Vereinbarung getroffen, haben etwas zugesagt, und nun hat sich etwas (die Situation, die Bedingungen, unsere Einstellung) verändert. Wir möchten am liebsten absagen. Denn wir haben unsere Meinung zu etwas geändert. Viele Frauen fühlen sich verpflichtet, ihr Wort zu halten, komme was wolle.

Wie ist Ihr „Wendestil"?

Veränderungen geschehen nicht immer freiwillig. Oftmals zwingen uns Ereignisse von außen oder Entscheidungen von anderer Seite (die Kündigung, der Tod der Mutter, die berufliche Versetzung etc.), zu handeln und etwas in unserem Leben zu verändern. Wie gut wir diese Wendepunkte bewältigen, hängt davon ab, wie wir Dinge beenden und neue beginnen, wie wir Entscheidungen treffen oder über uns entscheiden lassen.

Die folgende kleine Übung wird Ihnen deutlich machen, was Ihr persönlicher „Wendestil" ist und wie Sie bisher Veränderungen gemanagt haben. Zeichnen Sie Ihre Lebenslinie, die mit dem Alter beginnt, in dem Sie Ihre Erstausbildung begonnen (oder das Elternhaus verlassen) haben, und führen Sie sie bis zum heutigen Tage. Das nachstehende Diagramm der 50jährigen Lisa M. dient Ihnen als Anschauung:

18	1. Stelle	Trennung von B.	Umzug nach M.	
	30		40	50

Auf der Lebenslinie markieren Sie die Ereignisse (kleine und große, berufliche und außerberufliche), die einen Wendepunkt in Ihrem Leben hervorgerufen haben. Das Ausmaß bzw. die emotionale Bedeutung der Veränderung stellen Sie graphisch mit einer zweiten Linie dar, wie obiges Diagramm zeigt. So war zum Beipiel für Lisa die Trennung von B. der größte Einschnitt in ihrem Leben. Danach verläuft die Oberlinie gleichmäßiger und steigt nur beim Umzug nach M. ein bißchen an.

Schauen Sie sich Ihre Lebenslinie insgesamt an, und stellen Sie sich folgende drei Fragen:

1. Welche Rolle hatte ich bei den Veränderungen? War ich aktiv oder passiv? Waren die Veränderungen freiwillig oder unfreiwillig?
2. Was ist meine Strategie, was ist mein persönlicher Stil dabei? Ist meine Devise „Augen zu und durch"? Oder werfe ich schnell die Flinte ins Korn? Bin ich entscheidungsfreudig oder schiebe ich Entscheidungen lieber auf?
3. Was an meinem „Wendestil" hat sich bislang bewährt; was möchte ich in Zukunft anders machen?

Teilnehmerinnen aus meinen Seminaren sind häufig überrascht und überwältigt, ihr Leben auf einem Schaubild vor sich zu sehen. Sie ziehen damit ein Stück Bilanz. Vielen hat diese Übung geholfen zu sehen, daß Sie Ihr Leben in die Hand nehmen können und den Wechselfällen des Lebens nicht ausgeliefert sein müssen, wenn Sie aufmerksam für Ihre Wünsche bleiben.

Die Krise als Chance

Häufig geht den Wendepunkten eine Krise voraus, die Veränderungen auslöst. Und auch bei den Veränderungen, die uns scheinbar aufgezwungen werden, haben wir bereits innerlich eine Veränderung vollzogen, die dann – bei näherem Hinsehen – nur durch eine Entscheidung anderer besiegelt wird. Ob Sie die Stelle wechseln, in eine andere Abteilung versetzt oder zum ersten Mal in die EDV eingeführt werden, entscheidend für den Erfolg der Anpassung an die neue Situation ist Ihre Einstellung zum Veränderungsprozeß. Die Anpassung selbst ist in vielen Fällen gar nicht das eigentliche Problem.

Die folgenden zwei Beispiele stellen Ihnen zwei Frauen vor, die auf unterschiedliche Weise versuchen, Veränderungen in ihrem Leben zu bewältigen.

Susanne (37) träumt schon lange davon, ihr Hobby, Lederkunstwerk, zum Beruf zu machen. Stattdessen sitzt sie immer noch als Sachbearbeiterin beim Finanzamt und bearbeitet Anträge. Sie kann sich nicht vorstellen, dort weitere 25 Jahre zu verbringen. Die Pläne für einen eigenen Laden hegt sie schon seit 2 Jahren. Zum gegebenen Zeitpunkt wird sie ihre jetzige berufliche Laufbahn verlassen. Seitdem sich Susanne mit ihrem Vorhaben beschäftigt, sich mit anderen Kunsthandwerkerinnen regelmäßig trifft und einen Existenzgründungskurs bei der Handelskammer besucht hat, hat sich ihr Leben verändert. Die sonst so zurückhaltende Susanne scheint regelrecht aufzublühen. Sie geht mehr aus sich heraus und sagt nun häufiger, wenn ihr etwas nicht paßt. Von ihren Freundinnen und Freunden hört sie nun häufiger: „So kenne ich dich ja gar nicht. Du hast doch sonst immer ..." Und tatsächlich haben sich Susannes Interessen und auch Freizeitaktivitäten verändert. Die Kneipenbesuche mit den gewohnten Freundinnen und Freunden werden seltener und Besuche von Veranstaltungen, die mit Ihrem Vorhaben zusammenhängen, und auch die Treffen mit Gleichgesinnten dafür häufiger. Susanne erlebt in dieser Zeit nicht nur die Höhenflüge ihrer neuen beruflichen Visionen, sondern auch die Talfahrten von Angst und Selbstzweifeln. Ihr gesamtes Umfeld scheint sich mit ihrer veränderten Perspektive zu verändern, und oftmals weiß sie gar nicht mehr, welchem Kreis sie sich eigentlich zugehörig fühlt. In solchen Momenten packt sie die Panik, zu alt für eine berufliche Veränderung und der neuen Situation nicht gewachsen zu sein. Susanne befindet sich in einer beruflichen und persönlichen Umbruchsphase.

Marlies, 45 Jahre alt, seit 20 Jahren als Bürokraft in einem Betrieb, ist seit fünf Jahren unzufrieden mit ihrem Aufgabenbereich. In den letzten Jahren ist sie zunehmends ins Abseits geraten und und in ein kleines Büro abgeschoben worden, wo die kommunikationsfreudige Frau allein sitzt und eintönige Routineaufgaben erledigt. Marlies konnte nie so recht Spaß an der Arbeit im Büro finden und sah in ihrer Arbeit häufig ein notwendiges Übel. Am liebsten würde sie mitten im Betriebsgeschehen sitzen und einen Aufgabenbereich haben, in dem sie organisieren kann und im ständigen Austausch mit anderen Menschen steht. Bislang fehlte ihr der Mut zu einer Veränderung. Aufgrund ihrer Ausbildung zur Bürogehilfin traute sie sich anderes nicht zu. Die Veränderung naht von außen. Marlies erhält die Kündigung. Stellenkürzung war die Begründung. Für Marlies bricht die Welt zusammen, und sie stürzt in tiefe Depressionen. Zum gleichen Zeitpunkt trennt sich ihr Freund von ihr. Nun hat sie viele Konflikte auf einmal zu bewältigen. Gefühle von Wut und Trauer wechseln sich ab. Sie fühlt sich von der Firma verstoßen und abgeschoben. Warum mußte gerade sie gehen, fragt sie sich. Wird sie in ihrem Alter je wieder eine Stelle finden. Natürlicherweise hat Marlies jetzt erst einmal Existenzängste. Marlies hat nun viel Zeit zum Nachdenken. Sie trinkt jetzt häufiger ein Gläschen zuviel und ißt wenig, wird krank. Gleichzeitig macht sie sich Vorwürfe, daß sie ihr Leben nicht im Griff hat. Sie steht an einem großen Wendepunkt in ihrem Leben, wo sie Beruf und Privatleben neu ordnen muß.

Susanne und Marlies befinden sich in einer Übergangsphase in ihrem Leben, die viele andere Bereiche mitberührt und in Bewegung bringt. Auch wenn Susanne im Gegensatz zu Marlies die Veränderungen in ihrem Leben aktiv herbeiführt, während Marlies durch Entscheidungen anderer gezwungen wird, sich mit Veränderungen auseinanderzusetzen, durchlaufen beide Frauen Zeiten von großer Verunsicherung und innerer Neuorientierung. Altgewohnte Strukturen lösen sich ab, und neue müssen erst gefunden werden. Die große Herausforderung ist es, diese Wendepunkte erfolgreich zu meistern, d.h. den Übergang vom Alten zum Neuen so zu gestalten, daß – bildlich gesprochen – der Koffer bereit steht für die neue Reise. Das folgende Schaubild zeigt, welche Phasen wir i.d.R. in einer Umbruchsituation durchlaufen.

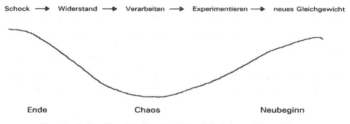

Schock ⟶ Widerstand ⟶ Verarbeiten ⟶ Experimentieren ⟶ neues Gleichgewicht

Ende   Chaos   Neubeginn

Dennis Jaffe, Cynthia Scott, „Take this job and love it"

Veränderung ist ein Prozeß, der nicht von heute auf morgen abgeschlossen ist. Die unterschiedlichen Gefühlsausbrüche von Wut, Trauer und Angst sind ein notwendiges Ferment für die Erneuerung. Susanne zum Beispiel begibt sich mit großer Offenheit in ihre neue Perspektive. Sie bereitet sie vor, in fachlicher und sozialer Hinsicht. Sie holt sich neues Wissen und knüpft Kontakte zu anderen Menschen, die sie auf ihrem Weg begleiten. Susanne verändert sich auf diesem Weg und damit ihr Selbstbild. Sie lernt sich neu kennen und entdeckt und entwickelt Seiten von sich, die bislang nicht zum Vorschein kamen. Die Selbstzweifel tauchen auf, weil diese andere Susanne noch nicht das O.K. hat für den neuen Kurs. Sie muß es sich selbst geben und sollte sich in dieser Zeit der Veränderung primär Menschen suchen, die sie in dem neuen Vorhaben bestätigen und von denen sie lernen kann.

Marlies durchlebt die verschiedenen Phasen vom Schock bis zum Neubeginn weitaus dramatischer, weil sie die Veränderung nicht selbst gewählt hat. Die Kündigung ruft Schock und Verwirrung hervor. Nachdem sich die Nachricht gesetzt hat, beginnt es in Marlies innerlich zu brodeln. Wut macht sich breit. Die Firma ist der Täter, Marlies das Opfer. Dann Widerstand, das Neue anzunehmen. Negativität: „In meinem Alter bekomme ich keine Stelle". Gefühle absoluter Resignation: „Das war's ..." Marlies befindet sich in dem Chaos, das zugleich die Phase der Verarbeitung ist: Die Zeit, sich die Wunden zu lecken, die Zeit der innerlichen Prüfung und des Nachdenkens. Wenn Marlies diese Zeit zur Überprüfung ihrer Erfahrungen nutzt, kann sie die Gefühle von Ausgeliefertsein überwinden. Sie würde dann darauf stoßen, daß sie selbst schon vor Jahren die innere Kündigung vollzogen hat und möglicherweise die Entwicklung, die zur äußeren Kündigung geführt hat, unbewußt mitvorangetrieben hat. Es ist entscheidend, wie Sie diese Zeit nutzen. Marlies bekämpft diesen Zustand und ihre labile Verfassung, weil sie es gewohnt ist, zu funktionieren und top–fit zu sein. Ihre verletzten Gefühle betäubt sie mit Alkohol. Der Streß und die Durchhaltetaktik der letzen Jahre fordern ihren Tribut. Der Körper lügt nicht. Marlies wird krank. Sie ist in der Phase des Widerstands steckengeblieben und weigert sich noch, ihre neue Realität anzunehmen. Marlies könnte ihren Prozeß der Erneuerung vorantreiben, wenn sie ihrem Körper und ihrer Seele das geben würde, was sie in dieser Zeit brauchen: Achtsamkeit und Zeit.

Wendezeiten sind besondere Phasen in Ihrem Leben, in denen Sie besonders gut für sich sorgen sollten. In diesen Zeiten sind Sie möglicherweise nicht in der Lage, so viel zu geben, so viel zu leisten wie gewohnt. Oftmals setzen sich gerade dann viele Frauen unter den Druck, alle Konflikte sofort lösen zu müssen, und geraten in einen Handlungszwang, der sie überfordert. Marlies zum Beispiel wollte sich schon eine Woche nach der Kündigung um eine Stelle als Bürokraft bewerben. Die Existenzängste meldeten sich, völlig verständlich, und die gewohnte Struktur von Arbeit konnte sie nicht so einfach hinter sich lassen. Marlies hätte in ihrem Zustand keine Stelle bekommen. Sie sah aus wie ein Wrack, ihr Selbstbewußtsein war gleich Null, und sie hatte keine Vorstellung, was sie genau suchte. Nach einigen Gesprächen entschied sich Marlies dann, sich drei Monate Zeit zu erlauben, um sich auszuruhen und den Abschied von der alten Firma sacken zu lassen, ihre eigene berufliche Richtung neu zu überprüfen und vor allem Kräfte zu sammeln für den neuen Start. Die Abfindung der Firma machte ihr das auch finanziell möglich.

Susanne wie Marlies kommen in ihrem Prozeß an einen Punkt, wo sie denken: „Das schaffe ich nie". Kennen Sie ähnliche Situationen, in denen Sie das Gefühl überkam, das Neue nicht bewältigen zu können (den neuen Aufgabenbereich nicht in den Griff zu bekommen, die neu eingeführte EDV nicht zu begreifen, nie wieder eine Stelle zu bekommen, nie wieder eine neue Wohnung, nie wieder eine neue Beziehung eingehen zu können etc.)? In diesen Momenten ist es hilfreich, sich die Zeiten in Erinnerung zu rufen, in denen Sie neue Dinge bereits erfolgreich bewältigt haben. Wir vergessen oft, daß wir bereits viele Umbruchsphasen in unserem Leben durchlaufen haben, viele davon erfolgreich.

Die folgende Übung hilft Ihnen, sich daran zu erinnern, daß Sie bereits mit der Angst vor Veränderungen umgehen können und Strategien haben, Neues anzupakken: Denken Sie an eine Zeit in Ihrem Leben, in der Sie eine Veränderung herbeigeführt haben (beruflich oder privat) und mit dem Resultat sehr zufrieden waren.

Schildern Sie hier kurz die Situation:

....

....

Welche Schritte bin ich dabei gegangen, und welche Fähigkeiten bzw. Strategien habe ich dabei entwickelt?

....

....

Was davon möchte ich auch für zukünftige Veränderungen als mein persönliches „Erfolgsrezept" mitnehmen und in Erinnerung behalten:

....

....

Veränderungen geschehen unabhängig vom Alter. Wir alle verändern uns und wir haben das Recht, uns zu verändern. Auch für Ihre Karriereplanung bedeutet das, Sie müssen nicht immer ins kalte Wasser springen, sondern können Veränderungen so vorbereiten und bewältigen, daß Sie Stück für Stück in die neuen Herausforderungen hineinwachsen, bis sie ein Teil von Ihnen geworden sind. Betrachten Sie die folgenden acht Empfehlungen als Checkpoints für die erfolgreiche Bewältigung des persönlichen und beruflichen Wandlungsprozesses, in dem Sie sich möglicherweise zur Zeit befinden oder den Sie in Zukunft durchlaufen werden:

1. Nehmen Sie sich Zeit. Die äußeren Formen in unserem Leben können sich von einer Sekunde auf die nächste ändern, die innere Neuorientierung jedoch braucht in der Regel mehr Zeit. Das heißt nicht, daß bis dahin Ihr Leben stillsteht, aber Ihre alten Bindungen und Verpflichtungen sind noch nicht durch neue ersetzt worden und funktionieren irgendwie provisorisch. Eine 1000 Meilen weite Reise beginnt mit einem einzelnen Schritt, sagt ein chinesisches Sprichwort.

2. Arrangieren Sie vorübergehende Strukturen. Stellen Sie sich vor, Sie renovieren Ihre Wohnung. Ein Zimmer nach dem anderen wird gestrichen, die Möbel stehen alle in einer Ecke und sind abgedeckt. In der Zwischenzeit campieren Sie im Flur, und während die Küche dran ist, läuft die Kaffeemaschine im Schlafzimmer etc. Übersetzt bedeutet das, bis Sie das Ziel der Veränderung erreicht haben, werden Sie Zwischenwege gehen müssen und Zwischenvereinbarungen zu Hause und am Arbeitsplatz treffen müssen, um den Wechsel einzuleiten. Das heißt dann auch in einigen Fällen, Unterstützung und Hilfe zu beanspruchen, bis Sie etwas selbst im Griff haben. Rom wurde eben auch nicht an einem Tag erbaut.

3. Vermeiden Sie blinden Aktionismus. Die Übergangszeit ist oft frustrierend und Torschlußpanik kann sich leicht breitmachen, weil das Ziel noch nicht in greifbarer Nähe ist. Die erfolgreiche Umsetzung von Veränderungen erfordert nicht nur, daß wir etwas abschließen und beenden, sondern daß wir auch erkennen, was wir für die nächsten Schritte zu lernen haben. Die Versuchung, den Prozeß frühzeitig abzubrechen, birgt die Gefahr, daß wir Fehler wiederholen oder erneut in Situationen geraten, die wir doch gerade hinter uns lassen wollen.

4. Ergründen Sie frühzeitig die Quelle Ihrer Unzufriedenheit. Probleme sind oft ein Zeichen dafür, daß sich etwas verändert. Lernen Sie verstehen, daß aufkommende uralte Ängste und zeitweilige Gefühle von Einsamkeit natürlicher Bestandteil von Veränderungen sind. Oft führen solche Gefühle dazu, Veränderung zu bekämpfen und zu verleugnen. Auch das ist bereits Veränderung. Akzeptieren Sie die Gefühle, die mit Ihrer Veränderung einhergehen, und akzeptieren Sie, daß Sie auch einmal nicht wissen, wo's lang geht.

5. Gehen Sie in dieser Zeit behutsam mit sich um. Zeiten der Veränderung sind in der Regel nicht Zeiten, wo Sie auf tausend Hochzeiten tanzen sollten oder Ihr neues Selbstimage aufpolieren müssen. Vielleicht brauchen Sie jetzt viel mehr Zeit mit sich allein. Vielleicht braucht Ihr Körper in dieser Zeit eher eine Massage oder ein warmes Bad als ein zusätzliches Trainingsprogramm. Und vielleicht sollten Sie sich gerade jetzt nicht vornehmen, zehn Kilo in zwei Wochen abzunehmen, sondern sich das Leben so leicht wie möglich machen bzw. einfach das Tempo drosseln. Besonders wichtig wird in einer Zeit großer Unruhe und Bewegung auf allen Ebenen, daß Sie sich wenigstens *eine* vertraute Struktur bewahren, die Sie weiterführen, z.B. den gewohnten Spaziergang, den wöchentlichen Yogakurs, den besonderen Nachtisch, das Ritual des Zeitungslesens o.ä.

6. Erkunden Sie die andere Seite der Veränderung. Wie wir gesehen haben, ist nicht jede Veränderung frei gewählt. Welche Vorteile und Chancen birgt eine Veränderung, die Ihnen von außen aufgezwungen wurde, möglicherweise für Sie? Und wie sehen Sie die vorherige Situation nun im nachhinein? Wenn Sie Veränderungen selbst herbeiführen wollen, welchen Preis werden Sie dafür zahlen müssen oder wollen? Wovon müssen Sie Abschied nehmen, um Neues beginnen zu können?

7. Teilen Sie sich mit. Verschaffen Sie Ihren Gedanken und Gefühlen einen Ausdruck und lassen Sie sie heraus. Gerade in dieser Zeit ist es notwendig, mit nahestehenden Menschen darüber zu reden, was Sie bewegt. Das ist schon ein Stück Bewältigung und Verarbeitung. Was Sie brauchen, sind gute Zuhörer/Innen, nicht notwendigerweise gutgemeinte Ratschläge. Wenn Sie gerne schreiben, schreiben Sie sich's von der Seele, das entlastet auch Ihren Kopf. So ein „Harte–Zeiten–Journal" kann eine wichtige Begleitung sein.

8. Nutzen Sie die Zeiten der Veränderung als Gelegenheit, genauer hinter die Kulissen Ihres Lebens zu schauen und herauszufinden, was Sie wirklich wollen, welche Träume und Visionen bisher ungelebt geblieben sind und wie Sie sich Ihre Zukunft vorstellen. Jeder Wendepunkt kann eine neu Ära in Ihrem Leben einläuten, eine Zeit, die neues Lernen ermöglicht und neue Chancen eröffnet. Denn nur, wenn Sie endlich das machen, was Sie schon immer machen wollten, werden Sie das bekommen, was Sie sich schon immer gewünscht haben.

In welchem Wandlungsprozeß befinden Sie sich zur Zeit?

....

Welche der acht Checkpoints wollen Sie anwenden, um den Wandlungsprozeß gut bewältigen zu können?

....

Visionen
Über die Kraft der Wünsche, Berufs– und Tagträume

Sie wollen sich beruflich verändern oder beruflich weiterkommen? Wohin des Weges? Sie brauchen eine Vision von dem, was Sie vorhaben, damit Sie sich auf den Weg machen können.

„Das kannst Du Dir aus dem Kopf schlagen. Hirngespinste, Phantastereien ..." Vielleicht klingen auch Ihnen diese mahnenden Worte noch aus Kindheit und Schulzeit in den Ohren. Gutgemeinte Worte, sicherlich aber auch ernstgemeinte Versuche, uns das Träumen und Phantasieren, die natürlichen Kräfte, die uns als Kinder in Rollen haben schlüpfen lassen und auf abenteuerliche Reisen geschickt haben, abzugewöhnen.

Visionen sind Bilder der Zukunft. Noch heute stehen wir Tagträumen und Visionen skeptisch gegenüber, stehen sie doch für das Unerreichbare, Großartige und Maßlose, kurz für die Luftschlösser, die schön sind, aber „zum Verzehr ungeeignet". Was eigentlich ist eine Vision? Entlehnt aus dem Lateinischen steht die Vision für das Sehen und die Erscheinung. Visionen sind innere Bilder. Unbewußt visualisieren Sie jeden Tag. Sie sitzen im Auto oder im Bus und denken zum Beispiel an das bevorstehende Gespräch mit Ihrer Chefin. Sie sehen sich in Ihrem Büro sitzen und argumentieren, und Sie stellen sich vor, wie Ihre Stimme versagt. Eine Horrorvision!? Oder Sie packen in Gedanken schon Ihre Koffer für den Kurztrip am nächsten Wochenende und sehen sich am Strand entlangspazieren. Eine schöne Vision.

Visionen sind Bilder von der Zukunft, wie wir sie sehen (wollen). Allzu geübt im Visualisieren sind wir, wenn wir uns in Angstvorstellungen, eben Horrorvisionen hineinbegeben und gefürchtete Situationen mit negativem Ausgang durchspielen. Unsere Vorstellungskräfte können dabei sogar unseren Körper lahmlegen. Nur bei dem Gedanken an eine bedrohliche Situation können uns die Knie weich werden und das Herz schneller schlagen. „Self−fulfilling prophecy" nennt man dieses Verhaltensmuster, bei dem wir uns in negative Gefühle hineinsteigern (wir machen uns aufs Schlimmste gefaßt) und dadurch die Bedingungen für das Scheitern schaffen. Prompt erfüllen sich unsere Horrorvisionen, weil Ängste uns schwächen und kostbare Kräfte verschleudern, die positiv genutzt werden könnten.

Lassen Sie Ihre Visionen heraus. Visionen können auch Ihre Träume und Wünsche enthalten, Ihre Sehnsüchte und Hoffnungen und vor allem die Leidenschaft, mit der Sie für Dinge, die Ihnen wichtig sind, eintreten. Ein Visionär ist ein Mensch, der eine Idee hat, an die er glaubt, und andere dafür begeistern kann. Die Fachliteratur hat in den letzten Jahren viel über die moderne und zukunftsweisende Form visionärer Unternehmensführung geschrieben. Die Manager/Innen von morgen brauchen eine Vision, wenn sie ihre Mitarbeiter/Innen für ihre Ziele begeistern und motivieren und ihnen eine Perspektive anbieten wollen, für die es sich lohnt, sich zu engagieren.

An dieser Stelle jedoch geht es darum, wie der Funken bei Ihnen überspringen kann. Kennen Sie den Aberglauben, daß man über ein erwünschtes Vorhaben nicht vorher sprechen solle, sonst gehe es nicht in Erfüllung? Ähnlich streng wird mit Wünschen überhaupt verfahren. Ich dagegen bin der Meinung: Sie können nicht genug darüber sprechen. Mit folgenden Beispielen möchte ich Ihnen zeigen, warum:

Die EDV-Fachfrau Annette, 42, kommt in meine Beratung. Sie steht an einem beruflichen und persönlichen Wendepunkt in ihrem Leben. Nach zwölfjähriger engagierter Arbeit im Marketingbereich ihrer Firma ist ihr jegliche Motivation abhanden gekommen, obwohl sie sich in ihrem Bereich eine anerkannte gute Position mit ebenso gutem Gehalt hat erringen können. Seit etwa einem Jahr geht sie freudlos ins Büro und fühlt sich energielos und ausgebrannt. Sie sieht keinen Sinn und keine Perspektive mehr in ihrer Arbeit und würde am liebsten kündigen. Annette ist an einem Punkt angelangt, wo sie ihren grundsätzlichen Zweifeln, die sich über die Jahre verdichtet haben, ob ihr jetziger Aufgabenbereich sie auch weiterhin befriedigen kann, auf die Spur kommen will. Noch hat sie keine Phantasien, welche anderen beruflichen Möglichkeiten sie interessieren, aber die Bereitschaft, in Kontakt mit ihren Visionen und Wünschen zu treten. Ein Schlüsselerlebnis im Seniorenheim, wo sie ihre pflegebedürftige Großmutter nach Feierabend betreut, bringt die ehemalige Krankenschwester wieder in Kontakt mit einem langgehegten und bislang verschütteten Wunsch: alte hilfsbedürftige Menschen zu betreuen. Ihre Vision ist es, ein Betreuungs–und Pflegesystem aufzubauen, das sich an den wirklichen Bedürfnissen von älteren Menschen orientiert und sie als gleichwertige Partner/Innen annimmt.

Annette B. hat ihre Idee in der Beratung zum ersten Mal ausgesprochen und fühlt eine große Erleichterung. Sie hat sich seit längerem zum ersten Mal erlaubt, einer Phantasie nachzugehen, ohne sich pflichtbewußt zurückzupfeifen und sich innerlich Vorwürfe zu machen, weil sie sich von ihrer momentanen beruflichen Situation entfernt. Es ist, als öffnete sie den Spalt einer Tür, die ihr plötzlich die Sicht freigibt für all die anderen Wünsche und Sehnsüchte, die ihr Leben verändern könnten: der Wunsch nach sinnvoller Arbeit, das Bedürfnis, mehr Zeit für sich und die heranwachsende Tochter zu haben, weniger Stunden zu arbeiten, aufs Land zu ziehen etc. Der ersten Phantasie folgen weitere Fragen und Überlegungen und schließlich die Überprüfung der Idee, nämlich die konkrete Beschäftigung mit den Berufsbildern im Altenbereich. Es ist an dieser Stelle gar nicht so entscheidend, ob Annette in den sozialen Bereich der Altenarbeit überwechselt, also beruflich umsattelt, oder ob sie eine neue Verbindung zwischen ihrer jetzigen Arbeit und der Altenarbeit herstellen kann, sondern von großer Bedeutung ist, welche Visionen diese Spurensuche freilegt.

Auf die Frage, was Annette sich von ihrer zukünftigen Arbeit erwarte, entscheidet sie sich für folgende Begriffe, die ihre beruflichen Werte widerspiegeln:
Sinngebung
Ruhe
Verantwortung
Innovation

Stabilität
Kreativität

Ihre Vision von der zukünftigen beruflichen Aufgabe ist eine Arbeit, in der sie diese Werte befriedigen kann: etwas Neues schaffen, was anderen wirklich nützt, in einem Umfeld, wo Liebe, Respekt und Partnerschaftlichkeit praktiziert werden können und geschätzt werden. In Annettes Vorstellung ist es die Zukunft älterer Menschen, die sie mitgestalten will.

Visionen sind wie Teleskope, mit denen wir uns die Zukunft, wie wir sie uns erträumen, näher heranholen und ausgestalten können. Viele kleine und große Entdeckungen und Vorhaben wären ohne Visionen – und gerade die scheinbar verrückten – nie entstanden. Viele technische Errungenschaften wären nicht auf die Beine gekommen, wenn da nicht eine Vision von dem erwünschten Ergebnis (plus einer Anhäufung von vielen Irrtümern) existiert hätte. So brauchen wir zum Beispiel viele Visionen von einer gesunden und menschenwürdigen Umwelt, um die Strategien und Kräfte zu entwickeln, wie wir sie erreichen können.

Visionen brauchen eine Extraeinladung

Im Alltag beruflicher Arbeit und familiärer Vereinbarungen scheinen Träume und Visionen häufig keinen Platz zu haben. Besonders, wenn Sie über lange Jahre in ein und demselben Arbeitsbereich sitzen, finden Sie nicht immer so leicht den Zugang zu ihnen. Auch Annette ging es zu Beginn der Beratung so. „Ich habe keine Träume" winkte sie kategorisch ab.

Visionen und Träume lassen sich nicht mit einem Fingerschnippen abrufen. Sie sind Teil unseres Unterbewußtseins, in dem auch unsere Intuition, ein inneres Wissen und alle sogenannten Bauchgefühle sitzen. Sie treten meist erst dann in Erscheinung (zeigen sich uns), wenn wir nicht an sie denken, sondern etwas ganz anderes tun. Plötzlich ist ein Bild da, während wir etwas reparieren, unter der Dusche stehen oder besinnlich den Kühen auf der Weide zuschauen. Unser Geist muß erst zur Ruhe kommen, und wir brauchen eine gewisse Besinnlichkeit und Stille, um wahrnehmen und hören, spüren und erleben zu können, was in uns vorgeht. Besonders wir Frauen, gewohnt, im Berufsleben Gefühlsregungen zu unterdrücken und ewig Sachverstand an den Tag zu legen, sind oftmals sehr bemüht, das Klischee von der gefühlsbetonten Frau doppelt abzuarbeiten. Unglücklicherweise ist uns dabei etwas verlorengegangen, was es wiederzugewinnen gilt: das Vertrauen in unsere Intuition. Eine gute Balance von Sachverstand und Intuition ist ein wichtiger Bestandteil erfolgreicher Entscheidungen. Vertrauen in Ihre Intuition und damit in Sie selbst können Sie üben, indem Sie Ihre Wünsche und Phantasien nicht vergessen. Beginnen Sie damit, jeden Tag ein bißchen mehr, Ihre Träume einzuladen und Kontakt zu Ihren Visionen aufzunehmen.

Tagtraumübung „Reise in die Zukunft"

Ich stelle Ihnen eine einfache besinnliche Übung vor, mit deren Hilfe Sie zu der Ruhe und Entspannung kommen können, die es braucht, um neue Sichtweisen zu entwikkeln. Diese Übung ist auch nützlich und erfrischt den Geist, wenn Sie gedanklich in einer Sache festsitzen und einfach einmal abschalten müssen. Für die folgende Übung suchen Sie sich einen Ort, wo Sie für ca. 15 Minuten ungestört und allein sein können. Ich empfehle Ihnen, diese Übung erst zu lesen und dann zu praktizieren:

Setzen Sie sich aufrecht und mit geradem Rücken auf einen Stuhl. Stellen Sie beide Füße nebeneinander auf den Boden, balancieren Sie Oberkörper und Kopf aus, lassen Sie die Schultern fallen und legen Sie die Hände entspannt in den Schoß. Schließen Sie die Augen und machen Sie ein paar tiefe Atemzüge. Durchstreifen Sie dann Ihren Körper von Kopf bis Fuß und spüren, wo Sie im Körper anspannen (meist die Schultern, Nacken, Kiefer, Bauch) und loslassen können. Achten Sie auf Ihren Atem, lassen Sie die Gedanken kommen und gehen, ohne sie festzuhalten. Fremde Geräusche (Straßenverkehr, die Kopiermaschine o.ä.) nehmen Sie einfach nur zur Kenntnis.

Stellen Sie sich nun einen Ort vor, an dem Sie gerne sind; vielleicht ist das eine bestimmte Landschaft, die Sie besonders lieben, oder auch ein Ort, wo Sie schon einmal waren. An diesem Ihrem Lieblingsort verweilen Sie und genießen die Umgebung – vielleicht sehen Sie Farben, hören Stimmen oder Naturklänge und spüren die Luft auf Ihrer Haut. Sie fühlen sich hier so richtig geborgen und leicht.

Hier dürfen Sie sich die Frage stellen, wohin die Reise weitergeht und welche Wünsche Sie an Ihre Zukunft haben. Lassen Sie die entstehenden Bilder und Gedanken ruhig kommen, einfach nur im Vorbeiziehen auf Sie wirken. Nach einer Weile kommen Sie langsam zurück in den Raum, öffnen die Augen und strecken sich ausgiebig.

Schreiben Sie danach stichwortartig auf, was Sie gesehen haben, und was Ihnen durch den Kopf gegangen ist, denn die Gedanken und Gefühle, denen wir im entspannten Zustand begegnen, sind ein unverfälschter Spiegel unserer Seele.

Wenn Sie gar nichts gesehen haben und Mühe hatten, in die Entspannung zu gehen, machen Sie sich keine Sorgen. Erwarten Sie nicht zuviel von sich, besonders dann, wenn Sie noch keine Erfahrungen mit solchen Übungen haben. Die Phantasie läßt sich nicht befehlen. Oftmals sind wir auch aus der Übung gekommen, in die Stille zu gehen und einfach dazusitzen und nichts zu tun. Alles ist eine Sache der Übung und der Bereitschaft, sich Zeit und Raum regelmäßig einzurichten. Jede andere Methode jedoch, die Ihnen hilft, für eine Weile abzuschalten und innerlich einzukehren, z.B. Musik, ist ebenso gut.

Den Berufs–und Karriereträumen auf der Spur

Hilde E., 35, ist Bankkauffrau und Teilnehmerin in einem meiner Seminare. Bei einer unserer Tagtraumreisen und Übungen stößt sie auf einen Wunsch, den sie schon länger in sich trägt, sich aber nie getraut hat, ihn weiterzudenken. Sie würde gern auch Seminare und Trainings durchführen. Ihr besonderes Interesse gilt dabei der Sprache und Rhetorik. Sie ist fasziniert von Menschen, die sicher und gut reden und ihre Interessen klar vorbringen können. Das möchte sie auch können, und sie möchte vor allem anderen Frauen helfen, die Scheu vor dem Reden, die ihr selbst so vertraut ist, zu überwinden. In ihrer Firma ist sie schon als Vermittlerin bei Auseinandersetzungen und Konfliktlöserin bekannt. Klare Kommunikation und Offenheit sind für Hilde grundlegende Werte, die ihre Vision von einer offenen Verständigung am Arbeitsplatz tragen. In ihrer Zukunftsvision ist sie die Lehrerin, die sie schon von Kindesbeinen an sein wollte, aber nie werden durfte.

Visionen enthalten auch die Träume, die Sie schon als Kind und Heranwachsende hatten und die Ihnen wieder zu einem späteren Zeitpunkt, und natürlich in einem anderen Zusammenhang, begegnen. Sie kehren wieder über die Berufsträume, die Sie im Laufe der Jahre heimlich hegen, und die Menschen, die Sie in einer Aufgabe bewundern oder in der Art und Weise, wie sie Ihnen etwas vermitteln.

Auch außerberufliche Erfahrungen können der Schlüssel für Visionen sein. Unabhängig von Bewertung und Leistungsdruck engagieren Sie sich vielleicht für bestimmte Aufgaben, die Sie interessieren, Ihnen Freude machen und Sie in Ihrem Können bestätigen. Es gibt viele Hobbyköchinnen, die die Parties ihrer FreundInnen ausrichten, HobbyreiseveranstalterInnen, die Reisen für ihren Tierverein organisieren etc.. Viele ehrenamtliche Tätigkeiten und Clubaktivitäten offenbaren Ihnen, vielleicht erst bei näherem Hinsehen, was noch alles in Ihnen steckt. Die folgende Übung lädt Sie dazu ein, Ihren Wünschen aufs neue zu begegnen. Folgen Sie Ihrem Impuls und Ihrer inneren Stimme, wenn Sie die Sätze für sich weiterführen.

Ich wollte schon immer ....

Ich habe schon oft darüber nachgedacht, wie es wäre, wenn ....

Ich habe eine Zeitlang davon geträumt ....

Ich wünschte, ich hätte noch einmal eine Chance ....

Es hat mir immer Spaß gemacht, ...

Ich glaube, es würde mir Spaß machen ....

Wenn ich es mir leisten könnte, würde ich ....

Ich könnte mir mich selbst gut vorstellen als ....

Ich würde gern Leute treffen, die ....

Ein Teil von mir will ....

Wenn ich den Mut hätte, würde ich ....

Wunderbar, wenn Sie auf längst vergessen geglaubte Schätze gestoßen sind und Gedanken und Sehnsüchte wachrufen konnten, die verschüttet schienen, oder auf einen ganz neuen Aspekt Ihrer selbst, der Premiere hatte. Diese Übungen sind Teil eines Puzzles, das sich Stück für Stück zu Ihrer Vision zusammenfügt. Sie können diese Übung immer wieder machen und die Impulssätze verschieden fortführen oder mehrere Antworten nebeneinander stehen haben. Aber auch bei dieser Übung kann es geschehen, daß die Ideenfee Sie nicht wachküßt und Sie keine Antworten finden. Vielleicht suchen Sie krampfhaft nach dem Zusammenhang zwischen der Antwort „Ich wollte schon immer einmal am Strand von Hawaii liegen" und ihrer beruflichen Vision. Phantasie funktioniert nicht nach logischen Regeln. Sie muß manchmal erst nach ihrem wirklichen Bedeutungsinhalt entschlüsselt werden. Vielleicht sagt Ihnen z.B. der Strand von Hawaii einfach nur, daß Sie ausgepowert sind und dringend Erholung brauchen oder sich gerade im Ablenkungsstadium einer größeren Veränderung befinden. Wichtig ist, wie Sie die Bilder deuten, die Ihnen kommen und welche Botschaft für Sie dahinter steht.

Über den eigenen Tellerrand hinausschauen (Ziele setzen)

Visionen stehen in einem größeren Zusammenhang mit Ihren Lebenszielen. Sie sind das Gesamtbild und der Lebensentwurf von einzelnen Wünschen, Träumen und Sehnsüchten. Die Vision ist das Feuer, das Ihre Ziele warmhält. Von ihr hängen Lust oder Unlust in Ihrer Arbeit ab. Symptome wie „Burn—out" (Gefühle von Ausgebranntsein) im Beruf entstehen dann, wenn Sie den Kontakt zu Ihren persönlichen Wünschen verloren haben und nicht mehr wissen, für wen oder was Sie arbeiten und was die Zukunft Ihnen bringen soll.

Eine Vision läßt Sie ein Stückchen über den Tellerrand der momentanen beruflichen Situation blicken und Antworten finden auf die Frage: Was wäre, wenn ...? Ich mache immer wieder die Beobachtung, welche große Bedeutung die Perspektive für Frauen hat, die beruflich weiterkommen wollen. Auch wenn diese Perspektive oder Vision noch im Werden, noch in weiter Ferne und nur schemenhaft erkennbar ist. Es sind diese Gefühle von Weite und der Glaube an die Möglichkeiten der Selbstbestimmung, die das Leben und Arbeiten leichter und liebenswert machen.

Auch Annette und Hilde brauchen eine Perspektive bzw. Bilder, die sie ein paar Jahre weitertragen, damit sie wissen, auf welchen Weg sie sich machen müssen, und die einzelnen Schritte dahin planen können.

Für Ihre persönliche und berufliche Karriereplanung haben Visionen eine zentrale Bedeutung. Sie konzentrieren sich auf ein Ziel und spielen vor Ihrem inneren Auge den ganzen Weg durch wie einen Film. Sie bereiten sich auf Ihre Zukunft vor, indem Sie in der Gegenwart innerlich einen Probelauf machen. Nehmen Sie sich ein paar Minuten Zeit und stellen sich vor, wo Sie in fünf Jahren sein wollen: Was wollen Sie in fünf Jahren beruflich und persönlich machen (hinter sich gebracht und erledigt, erreicht haben)? Wie soll Ihr Leben in fünf Jahren aussehen? Lassen Sie diesen Zeitraum von in fünf Jahren wie einen Film ablaufen.

Mein Leben in fünf Jahren:

Visionen werden Wirklichkeit

Hilde zum Beispiel sieht sich in fünf Jahren in der neu gegründeten Weiterbildungsabteilung ihrer Bank für ihre Kolleg/Innen Schulungen und Seminare durchführen. Annettes Vision ist noch nicht so ausgereift. Aber in fünf Jahren, so sagt sie, möchte sie ein Haus auf dem Land gefunden haben, ihre jetzige Stelle gekündigt haben, einen Verlag für ihren ersten Kurzkrimi aufgetan haben und schon mindestens drei Jahre an einer neuen verantwortlichen Aufgabe sitzen.

Beide Frauen standen der 5–Jahres–Vision zunächst ablehnend gegenüber. „Das engt mich ein", sagte Annette „Wer weiß, was in fünf Jahren ist ...?" Dann machten sie die Erfahrung, daß ihre Vision im Gegenteil ihren Blick weitete, weil sie das Vorhaben überschaubar machte. Die Vision bot ihnen nun den Raum, einzelne Ziele aufzustellen und sehen zu können, was ihnen zur Erreichung dieser noch an Fähigkeiten, Bildung und Informationen fehlte.

Die große Herausforderung besteht darin, Ihre Vision in die Wirklichkeit zu überführen, indem Sie konkrete

Ziele daraus ableiten. Manch eine Frau hält dieses Spannungsverhältnis, die Kluft zwischen Vision und Wirklichkeit, nicht aus, bedarf es doch immer eines gewissen langen Atems und einer gelassenen Einstellung zur eigenen Ziel– und Entscheidungsfindung.

Ziele stellen eine Handlungsanweisung für die Umsetzung von Wünschen dar. Zeitdauer und Zeitpunkt spielen dabei eine zentrale Rolle, wenn Ziele Handeln auslösen sollen. Dann helfen Ziele auch beurteilen, wenn Sie etwas erreicht haben. Sie können kurz- und langfristige Ziele aufstellen und mehrere gleichzeitig haben. Ziele sollen Ihnen dienen, nicht umgekehrt. Ihre Definition von Erfolg ist für die Zielsetzung entscheidend. Überlegen Sie an dieser Stelle, was Erfolg für Sie bedeutet sowohl im Beruf als auch im Privatleben:

Erfolg im Beruf heißt für mich ....

Erfolg im Privatleben heißt für mich ....

Ich bin erfolgreich, wenn ....

Ziele sind auch eine Form der Vereinbarung mit sich selbst. Sie können viele Ziele (Wünsche) nebeneinander haben, aber sie nicht immer gleichzeitig umsetzen. Sie müssen also Prioriäten setzen und entscheiden, welche Ziele Ihnen im Moment am meisten am Herzen liegen. Das werden die Vorhaben sein, worauf Sie in Zukunft Ihre Energien konzentrieren. Sie haben jetzt die Gelegenheit, eine Momentaufnahme Ihrer Ziele zu machen und zu erklären, welche Ziele (im Beruf und Privatleben) Sie für sich kurzfristig (innerhalb eines Jahres) und langfristig (innerhalb von fünf Jahren) setzen wollen. Lassen Sie sich von den Visionen leiten und anregen, die Ihnen mit Hilfe der Übungen gekommen sind, und formulieren Sie so spezifisch wie möglich:

Mein berufliches Ziel ist:

langfristig:

kurzfristig:

Mein persönliches Ziel ist:

langfristig:

kurzfristig:

Es kann Ihnen passieren, daß Sie sich ein Ziel stecken und auf dem Weg dahin erfahren, daß es gar nicht mehr Ihr Ziel ist. Etwas hat sich verändert, vielleicht die Begleitumstände, Ihre familiäre Situation, Ihre Wünsche, Sie selbst haben sich verändert. Es existiert immer noch ein sehr starres und lineares Denken in bezug auf den Verlauf von Entwicklungen. Frauen erzählen mir, warum sie sich lieber keine Ziele setzen: Sie haben Angst, sie nicht zu erreichen oder entdecken zu müssen, daß sie sie gar nicht mehr wollen. Sie fühlen sich doppelt gescheitert, denn Ilse und Rudi haben Sie davon erzählt, und Anna und die Mutter wissen es auch.

Sie haben das Recht, Ihre Ziele zu verändern, denn manchmal müssen Sie sich erst auf den Weg machen, um zu erkennen, was Ihr eigentliches Ziel ist, und „vom Weg abkommen, um nicht auf der Strecke zu bleiben."

Entscheidungsfindung: Sagen Sie ja oder nein

Jeden Tag treffen Sie Entscheidungen, was Sie anziehen, kochen und essen, worüber Sie in der Familie sprechen wollen und was Sie vereinbaren müssen. Ich beobachte oft, wie schwer sich viele Frauen damit tun, eindeutige Entscheidungen zu treffen, weniger in ihren privaten Beziehungsräumen als im Beruf. Wie wir im 4. Kapitel sehen werden, stellt die Angst, Fehler zu machen, eine falsche Entscheidung zu treffen, eine der Barrieren dar. Entscheidungen werden aufgeschoben. Zwischen den vielen Möglichkeiten, die uns offenzustehen scheinen, können wir nicht entscheiden. Wir wollen jetzt die einzig richtige Entscheidung fällen, bevor – so will es unsere Phantasie – der Zug abgefahren und unser Leben ruiniert ist. Ähnlich dramatisch erleben viele Frauen, die ich in den letzten Jahren gesprochen habe, den Weg der Entscheidungsfindung: Jede Entscheidung wird auf diese Weise zu einer Lebensentscheidung.

Häufig werden Entscheidungen in richtige und falsche unterteilt. Aber was ist falsch und was ist richtig? Wer entscheidet das, und woran messen wir diese Wertung? Gibt es eine absolute Wahrheit oder immer nur eine relativ richtige Entscheidung, gemessen an den Umständen, den Gegebenheiten und Ihrem persönlichen Können und Wollen?

Sogar dann, wenn Sie meinen, Sie hätten keine Wahl, treffen Sie immer auch eine Wahl. Schweigen, so heißt es, ist auch eine Antwort. Da ist etwas dran. Eine Entscheidung treffen, ja oder nein sagen, bedeutet auch, Verantwortung für die getroffene Wahl zu übernehmen. Entscheidungen aufschieben, hat zumindest im Berufsleben die Konsequenz, daß andere über Sie entscheiden. Natürlich müssen auch Entscheidungen manchmal reifen, und je nach Größe und Ausmaß sollten Sie sich entsprechend Zeit dafür einräumen. In den meisten Fällen jedoch müssen Sie es riskieren, auch einmal eine relativ „falsche" Entscheidung zu fällen, und „irgendeinen Weg" einschlagen, um im Beruf weiterzukommen.

„Entscheide Dich!" Diese Forderung klingt nach Vernunft und Prüfung. Und tatsächlich kommt so manche Entscheidungsfindung einem Hürdenlauf gleich, weil Sie vielleicht der Meinung sind, Sie hätten immer noch nicht genug Informationen und ausreichend Wissen zur Verfügung, um mit ruhigem Gewissen dies oder das zu entscheiden. Nein, da können Sie warten, bis der nächste Schnee fällt.

Die Informationen allein führen Sie nicht zu einer Entscheidung, sondern vor allem Ihre Bereitschaft und Selbstverantwortung, eine Wahl zu treffen. Kopf und Herz sollten in Ihre Entscheidungen eingehen, damit Sie sie mit Leib und Seele vertreten können.

Strategien zur Entscheidungsfindung

Ich möchte an dieser Stelle nicht näher die Haltungen und Überzeugungen beleuchten, die der Entscheidungsfindung so oft im Wege stehen (im 4. Kapitel werden wir das vertiefen), sondern Ihnen Strategien an die Hand geben, wie Sie ganz praktisch Ihre Entscheidungsfähigkeiten verbessern können.

Kehren wir noch einmal zu Annette mit ihrer Vision von Altenbetreuung zurück. Sie weiß noch nicht sicher, ob dies ihre berufliche Richtung werden wird. Irgendwann wird sie darüber eine Entscheidung treffen müssen. Wie kann sie sich darauf vorbereiten?

1. Sie entwickelt erst einmal Kriterien dafür, welche Bedürfnisse ihr der neue Beruf oder eine neue berufliche Richtung erfüllen soll (Sinngebung, Ruhe, Verantwortung, Innovation, Stabilität, Kreativität). Diese Werte geben ihr einen Orientierungsrahmen, wenn Sie Aufgabenfelder überprüft und Vergleiche anstellt.

2. Sie hört auf ihre innere Stimme, beobachtet aufmerksam ihre Gefühle und Bedürfnisse im Kontakt mit den SeniorInnen. Sie geht „vor Ort", experimentiert, macht ein Praktikum oder hilft ehrenamtlich mit.

3. Sie sammelt Informationen über Berufsbilder, Tätigkeitsfelder und Möglichkeiten im Altenbereich. Sie befragt Frauen aus der Berufspraxis und holt sich Rat von verschiedenen „ExpertInnen" und FreundInnen.

4. Sie wertet ihre eigenen Erfahrungen aus. Was bringt sie an Wissen und Fähigkeiten bereits mit, was fehlt ihr noch?

5. Sie vergleicht die ausgewerteten Informationen mit ihrem Kriterienkatalog. Sind die Gemeinsamkeiten größer als die Lücken?

Diese Struktur der Entscheidungsfindung und die folgende Entscheidungsmatrix können Sie für Entscheidungen aller Art einsetzen. Die Basis dafür sind Ihre Kriterien für den erfolgreichen Ausgang einer Entscheidung. Was soll erfüllt werden? Wie wollen Sie sich nach der Entscheidung fühlen?

Der Ablauf sieht so aus:
1. Sie entwickeln Kriterien.
2. Sie sammeln die notwendigen Informationen und holen sich Rat.
3. Sie hören auf Ihre innere Stimme.
4. Sie werten alles aus und vergleichen alle Aspekte miteinander.
5. Sie treffen eine Entscheidung.

Bei der folgenden Entscheidungsmatrix nehmen wir Hildes Vision als Beispiel. Ihre Kriterien für eine berufliche Verbesserung sind: Herausforderung, Lebendige

Kommunikation, Weiterbildung, Aufstiegschancen und Team. Diese Kriterien bewertet sie nach Wichtigkeit eher intuitiv in einer Skala von 1–5, wonach 1 die niedrigste und 5 die höchste Wertigkeit hat. Ähnlich verfährt sie mit den Alternativen, die ihr zur Zeit zur Verfügung stehen aber mit einer Skala zwischen 1–10 für jedes einzelne Kriterium. Sie multipliziert die Punktzahl der Kriterien mit den Punktzahl der jeweiligen Alternative und addiert zum Schluß alles.

Entscheidungsmatrix

	Wie wichtig ist mir	Wie stark ist verwirklicht?					
Kriterien	1-5	Alternativen 1-10					
		Leiterin Kreditabtlg.		Trainerin		WEabtlg.	
Herausforderung	4	5	20	8	32	10	40
Lebendige Kommunikation	5	4	20	10	50	10	50
Weiterbildung	4	7	28	7	28	8	32
Aufstiegschancen	3	8	24	6	18	7	21
Team	5	6	30	3	15	7	35
Insgesamt			122		143		178

Die Alternative Weiterbildungsabteilung hat die höchste Punktzahl erreicht und vereint offenbar alle Aspekte optimal. Spannend ist es nun zu sehen, wie es Hilde mit dem Ergebnis geht. Freut sie sich darüber oder ist sie enttäuscht? Die Entscheidungsmatrix ist eine Mischung aus intuitiver und sachlicher Entscheidungsfindung. Ihre Reaktion auf das Zahlenergebnis offenbart und prüft Ihre Einstellung in der Sache. Entscheidungsfindung ist nicht nur eine bierernste Angelegenheit. Sie können damit auch spielerisch umgehen. Hier ein paar Anregungen, die gerade auch Ihre intuitive Seite herausfordern:

1. Werfen Sie eine Münze, nachdem Sie festgelegt haben, was für Kopf und Zahl steht. Wie geht es Ihnen

mit dem Ergebnis? Fühlen Sie sich bestätigt oder sind Sie enttäuscht?

2. Visualisieren Sie jeweils die „Ja" oder „Nein"-Entschei dung, und stellen Sie sich bildlich die Auswirkungen Ihrer Entscheidung vor. Wie geht es Ihnen damit, in welchem Bild fühlen Sie sich mehr „zuhause"?

3. Sie können sich auch entscheiden, jetzt keine Entscheidung zu treffen. Das Wichtigste ist, daß Sie sich das bewußtmachen, und es, sofern die Situation das erfordert, auch andere wissen lassen. In diesem Fall tritt Checkpoint 2 in diesem Kapitel ein: Arrangieren Sie vorübergehende Strukturen.

Wenn Sie generell Mühe haben, Entscheidungen zu treffen, und Ihre Beschlußfähigkeit trainieren wollen, fangen Sie mit kleinen Aufgaben an. Üben Sie regelmäßig, kleine Entscheidungen zu treffen, und beobachten Sie bewußt, was sie verändern und bewirken. Suchen Sie immer auch den Austausch mit Vertrauten, die Sie auf dem Weg zu den größeren Entscheidungen begleiten.

Zusammenfassung

- Beruflicher Erfolg setzt bei Ihren persönlichen Visionen und heimlichen Berufsträumen an.
- Beruflicher Erfolg läßt sich vorbereiten. Machen Sie sich ein Bild von Ihrer persönlichen und beruflichen Zukunft, damit Sie wissen, welche Wege Sie gehen können.
- Ziele helfen Ihnen zu erkennen, wann Sie vom Weg „abkommen".
- Lernen Sie, „relative" Entscheidungen zu treffen, die Kopf und Herz einbeziehen.
- Veränderungen sind Chancen, wenn Sie eine bejahende Einstellung zu Ihren Wendepunkten entwickeln können und gut für sich sorgen.

3.
Bremsspuren I
Das betriebliche Spielfeld

„An meinem Arbeitsplatz ist mir das Träumen schon lange vergangen", werden Sie vielleicht sagen. Schade, wenn das so ist. Könnte es sein, daß Sie sich irgendwelchen Illusionen hingeben? Die betriebliche Arbeitswelt ist für die Mehrzahl der berufstätigen Frauen der Ausgangspunkt ihrer beruflichen Karriere und Dreh–und Angelpunkt ihrer beruflichen Ziele und persönlichen Erfolge. In der Regel fragt hier niemand nach Ihren Visionen und beruflichen Zielen. Sie müssen selbst dafür Sorge tragen, daß sie Ihnen nicht verlorengehen. Behalten Sie daher, sozusagen abrufbereit, Ihre Visionen und Ziele im Auge, wenn wir jetzt die „Dschungelgesetze" in Unternehmen ins Visier nehmen. Lassen Sie uns an dieser Stelle einige Spielregeln klären und das Spielfeld beleuchten, damit Sie wissen, wo Sie am besten „setzen", um berufliche Wünsche zu verwirklichen.

Realitätstest, 1. Runde

Montag morgen 8 Uhr, die wöchentliche Montagsrunde. Heike, seit vier Wochen Mitarbeiterin in der Abteilung Personalwesen, hat sich vorgenommen, diesmal die Firmenbeteiligung an den Parkhausgebühren anzusprechen. Schließlich ist die Montagsrunde eine Gelegenheit – so wurde ihr gesagt – auch die Dinge anzusprechen, die ihr am Herzen liegen. In der Besprechung trägt Heike ihren Antrag vor. Der Beifall der Kolleginnen und Kollegen bleibt aus. Und gerade von denen hat sie sich Unterstützung erwartet. Alle schimpfen doch sonst über die bisherige Weigerung der Firma, sich zu beteiligen. Der Geschäftsführer kommentiert Heikes Antrag mürrisch und fegt ihn vom Tisch. Die Besprechung nimmt ihren üblichen Gang.

Was ist hier schiefgelaufen? Heike hat, ohne es zu wissen, mehrere Tabus in der Firma verletzt: Sie hat vor versammelter Belegschaft Forderungen gestellt – die werden hier üblicherweise unter vier Augen mit dem Chef ausgehandelt. Sie hat ihre Forderungen in dieser Runde vorgetragen – das ist jedoch das falsche Forum. Sie ist die Neue und steht noch „unter Bewährung", und da führt man nicht neue Regeln ein. Heike ist in der Besprechung aufgelaufen und fühlt sich nun sehr enttäuscht. Warum hat man ihr die Montagsrunde nicht als das vorgestellt, was sie wirklich ist: eine Arbeitsverteilungssitzung? Der Chef gibt Anweisungen. Diskutiert wird nicht. So sieht die Montagsrunde in dieser Firma aus. Mehr Schein als Sein also? Oder gehen Heikes Erwartungen an der Realität vorbei?

Vielleicht haben auch Sie wie Heike die Erfahrung machen müssen, daß Sie mit Ihren Ideen und Vorschlägen nicht weitergekommen sind, obwohl Sie die Superlösung für ein Problem hatten, das Ihrer Meinung nach schon länger durch die Abteilung geisterte. Sie benötigen nur noch ein paar wichtige Informationen für Ihr Reformprojekt. Aber irgendwie kommen Sie einfach nicht an die richtigen Quellen bzw. erhalten nicht die Informationen, die Sie brauchen. Woran liegt's? Ist das Boykott oder Sabotage? „Büropolitik" heißt das Phänomen, das Ihnen soeben über den Weg läuft.

Ob Sie die Neue oder die langjährige Mitarbeiterin sind, Sie befinden sich auf einem Spielfeld, auf dem Sie nur mitspielen können, wenn Sie die Spielregeln kennen. Denn, um beim Bild des Spielfeldes zu bleiben, es genügt nicht nur, mit der Zahl des Würfels vorzurücken, Sie müssen auch wissen, welche Felder Sie vermeiden müssen, um nicht wieder an den Start zurückgeworfen zu werden. Mit anderen Worten, Ihr Grundeinsatz, nämlich Ihre Fachkompetenz und Ihre Persönlichkeit, fahren nur Gewinn ein, wenn Sie wissen, wo Sie sich wie bewegen können in Ihrem Unternehmen, wo die Möglichkeiten liegen und wo die Grenzen, welche Wege zum Erfolg führen und welche in eine Sackgasse. Wo die Hauptverkehrsstraßen (die offiziellen Entscheidungsabläufe) verlaufen und wo die Nebenstraßen (die nichtoffiziellen Verfahrensweisen oder informellen Wege im Betrieb), auf denen „Ortskundige" oft schneller zum Ziel gelangen.

Die informellen Wege

Wenn Sie ein Unternehmen betreten, stoßen Sie auf eine Unternehmenskultur, die auf bestimmten Machtstrukturen basiert, gewisse Normen (was o.k. ist und was nicht) aufstellt und entsprechende Rituale (Verhaltensregeln) verlangt. Die Spielregeln sind Teil dieser Firmenkultur und sozusagen die ungeschriebenen Gesetze. Sie bieten Orientierung und Rahmen für den zwischenmenschlichen Umgang und regeln die Zusammenarbeit.

Jede menschliche Gemeinschaft lebt nach Spielregeln. Wir alle haben das als Kinder in unseren Familien erfahren. Mit den Jahren wußten wir, was die heiklen Themen waren, die immer wieder Streit verursachten. Wir wußten, wer in der Familie „die Hosen anhat" und wem wir daher unsere Wünsche vorzutragen hatten. Wir lernten, wie wir unsere Wünsche zu verpacken hatten, damit sie in Erfüllung gehen konnten, wie wir mit Vater zu reden hatten und wie mit Mutter. Manchmal schien es förderlich, mit Mutter allein zu sein, um sie als Verbündete zu gewinnen, oder Vater zum Sport zu begleiten, um Dinge mit ihm zu besprechen, die am offiziellen Familientisch keinen Platz hatten. Nun haben wir nicht immer positive Erinnerungen an die Spielregeln in unseren eigenen Familien, weil sie oft undurchschaubar schienen und wir als Kinder ihnen oft auch ausgeliefert waren. Was wir aber alle intuitiv mitgenommen haben, ist die Erkenntnis, daß es in jeder Form menschlicher Organisation verschiedene Interessen gibt und somit auch Interessenskonflikte. Heute als Erwachsene können wir diese Strukturen nicht nur besser durchschauen, sondern sind auch in der Lage, uns abzugrenzen und zu schützen. Wir brauchen nicht Spielball unterschiedlicher Interessenskonflikte zu werden, sondern können langfristig selbst Einfluß auf die Spielregeln nehmen und sie verändern. Die Grundstruktur von Spielregeln finden Sie jedoch im Unternehmen wieder, und wie jede Familie ihre eigenen Sitten und Gebräuche hat, sehen die Spielregeln in jedem Unternehmen anders aus. Heike erinnert sich: „In meiner vorigen Firma herrschte ein ganz direkter Ton. Da konnte ich offen sagen, was mir nicht paßte. In meiner jetzigen Firma habe ich mich anfangs damit in die Nesseln gesetzt, weil ich diese Umgangsweise mitgenommen habe. Hier wird anders miteinander geredet." Wenn Sie ein Unternehmen wechseln, sollten Sie bereit sein, sich auf andere „Sitten und Gebräuche" einzustellen.

Wer ist Wer?

Das ist oft gar nicht so leicht zu bestimmen. Kirsten weiß, wer ihr Chef ist und wer der Stellvertreter, wer der Buchhalter etc. Sie kennt die Inhaber der formalen Positionen. Aber die formale „Hackordnung" stimmt nicht immer mit der tatsächlichen „Hackordnung" überein. Es ist also komplizierter. Kirsten meint, es würde sie Jahre kosten, das Beziehungsgeflecht in ihrer Firma zu durchschauen. Das muß nicht sein, wenn sie weiß, wie sie die Verhältnisse entschlüsseln kann. Wenn Kirsten später bestimmte Vorhaben und Interessen durchsetzen will, muß sie wissen, wo die für sie wichtigen einflußreichen Menschen sitzen. Schauen wir uns einmal an, welche Informationen Kirsten helfen, den Durchblick zu bekommen.

Es gibt zwei Arten von Macht: Die Macht, die sich an Position und Titel festmacht, steht auf der Basis der hierarchischen Hackordnung: Ihr unmittelbarer Chef, der Geschäftsführer, der Vorstand. Hier wird offiziell entschieden über Einstellungen und Kündigungen, Sanktionen und Beförderung. Es gibt daneben auch eine Macht, die von Persönlichkeiten ausgeht,
• weil sie beliebt sind,
• weil sie Expertenwissen haben,
• weil sie Zugang zu bestimmten Informationen haben,
• weil sie Zugang zu wichtigen Leuten haben.

Beide Machthierarchien überlagern und durchdringen sich vielfältig. Es ist eben nicht alles Gold, was glänzt. Darüber hinaus gibt es gewisse Statussymbole, die Ihnen helfen, die Stellung und den Rang von Mitarbeiter/Innen in Ihrem Unternehmen zu entschlüsseln. Schauen Sie in die Büros der einzelnen Mitarbeiter/Innen. Wer hat was? Wie sieht die Ausstattung aus, wer fährt welches Auto, wer hat einen Firmenwagen, wer eine eigene Sekretärin? Offizielle Position und tatsächliche Entscheidungsbefugnis sind nicht immer deckungsgleich. Herr Meier ist eigentlich stellvertretender Geschäftsführer, aber in der Praxis ist in der Regel Frau Schneider die Ansprechperson in Abwesenheit des Geschäftsführers. Das liegt daran, daß sie von Beginn des Unternehmens dabei und entscheidungsfreudiger als Herr Meier ist. Kennen Sie ähnliche Beispiele? In vielen Unternehmen gibt es sog. „graue Eminenzen", die das

Firmengeschehen maßgeblich mitbestimmen. In vielen Fällen orientiert sich der Status auch schlichtweg an der Gewinnfrage. Zum Beispiel ist Herr Knölle ein wichtiger Mann für das Unternehmen, weil er die richtigen „Connections" hat und in der Vergangenheit schon viele Sponsoren für bestimmte Projekte gewinnen konnte.

Hören Sie genau hin, wie über den Chef oder die Chefin geredet wird. Mit welchem Respekt wird ihm/ihr begegnet? Auf wem wird ständig herumgehackt? Welcher Name ist ständig in aller Munde? Wer hat eine Mittlerrolle zwischen Mitarbeiter/Innen und Führung? Welche Rolle haben Sie, und was wird von Ihnen erwartet?

In vielen jungdynamischen Unternehmen ist das Duzen sehr beliebt geworden. Alle duzen sich. Man duzt sich auch mit dem Chef bzw. der Chefin. Die Atmosphäre scheint locker und lässig. Wunderbar, wenn es den Spaß an der Arbeit erhöht und die Zusammenarbeit erleichtert. Bleiben Sie jedoch wach; auch wenn es so aussieht, als würden alle in einem Boot sitzen, besteht kein Grund, sich wie zu Hause zu fühlen. Die formale Rangordnung bleibt meist, auch wenn der Sprachgebrauch eher „basisdemokratische" Verhältnisse vermuten läßt. Ihr(e) ChefIn bleibt Ihr(e) ChefIn und Sie seine/ihre Mitarbeiterin. Diese Einschätzung ist wichtig, wenn es um die nächste Gehaltserhöhung geht.

Hinter die Kulissen geschaut

Viele Frauen in meinen Beratungen beklagen ihr mangelndes Verständnis für das betriebliche „Feingewebe" in ihren Unternehmen. Sie wollen verstehen und einschätzen lernen, nach welchen Regeln ihre Organisationen funktionieren. Die Erfahrung zeigt, daß Sie Ihren Handlungsspielraum erweitern können, wenn Sie wissen und verstehen, nach welchen Prinzipien, Normen und Ritualen in Ihrem Unternehmen verfahren wird. Sie lernen, die Grenzen und Möglichkeiten in der jeweiligen Situation realistisch einzuschätzen und die angemessenen Mittel und Wege zu finden. Mit Hilfe der folgenden Fragen werden Sie Informationen erhalten, die Sie hinter die Kulissen schauen lassen und Sie bei der Entwicklung Ihres Urteilvermögens und bei der Suche nach Ihrem Standort im Unternehmen unterstützen. Auch wenn Sie dabei feststellen, daß Sie nicht mit allem konform gehen, ist es wichtig, den Ist-Zustand sorgfältig zu analysieren:

1. Wer spielt mit wem/gegen wen? – damit Sie sich nicht an die „falschen" Leute wenden
- Wer ist häufig beim Chef?
- Wer sitzt wo in den Besprechungen, neben oder in großer Entfernung von wem?
- Wer redet häufig, wem wird zugehört, wer wird überhört?

2. Was ist erlaubt/nicht erlaubt? – damit Sie nicht dauernd ins Fettnäpfchen treten
- Wer ist das „schwarze Schaf", wer der Star in der Firma und warum?
- Worüber wird nie/häufig gesprochen?
- Was wird als Störung und Ärgernis betrachtet?
- Worüber wird häufig gewitzelt?

3. Wie wird miteinander kommuniziert? – damit Sie den richtigen Ton treffen
- Worüber wird geklatscht?
- Wie ist der allgemeine Umgangston?
- Wird Privates ausgetauscht?
- Wie werden Konflikte gelöst?
- Wie sehen die gegenseitigen Hilfeleistungen aus?

4. Welches Image hat Ihr Unternehmen? – damit Sie

wissen, ob es Sie auch „kleidet"
- Wie kleiden sich die Kollegen und Kolleginnen?
- Wie sehen die Büros aus?
- In welchem Stil werden betriebliche Aktivitäten durchgeführt?
- Welchen Ruf hat Ihr Unternehmen bei LieferantInnen, KundInnen, in der Öffentlichkeit?

5. Wie sehen die informellen Wege aus? – damit Sie die entscheidenden Leute erreichen können
- Wo finden Gespräche außerhalb des Arbeitsplatzes statt?
- Wer ißt wo mit wem zu Mittag?
- Gibt es betriebliche und außerbetriebliche Aktivitäten (Feste, Sport, Tagungen)
- Wer macht wann Feierabend?

Machen Sie sich mit Hilfe eines Schaubildes ein Bild davon, wo Sie in Ihrem Unternehmen stehen, wer die für Ihre Stelle einflußreichen Menschen sind (per Position, Expertenwissen, Informationen etc.) und wie häufig Ihr Kontakt zu ihnen ist. Beispiel Kirsten:

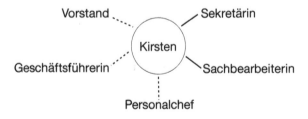

Die durchbrochenen Linien stehen für wenig Kontakt, die durchlaufenden Linien für viel Kontakt. In diesem Beispiel sehen wir, daß Kirsten den häufigsten Kontakt zu gleichgestellten Kollegen und zur Sachbearbeitung hat und sehr wenig (zu wenig) Kontakt zu Entscheidungsträgern.

Wo findet das „Spiel„ statt?

Wichtige Gespräche werden oft in den sogenannten Pausen geführt, wichtige Entscheidungen bei den inoffiziellen Anlässen gefällt, also nicht in den gemeinsamen Besprechungen, sondern unter vier Augen, in den Fluren, im Lift, auf den Toiletten, beim gemeinsamen Mittagessen oder bei anderen betrieblichen Aktivitäten. Diese informellen Kanäle funktionieren scheinbar beiläufig, fast spielerisch, und werden doch von ihren Benutzern sehr ernst genommen. Denn dort findet das eigentliche Geschäft statt. Das informelle System arbeitet auf der Basis von Geben und Nehmen und erfordert Kontakt- und Gesprächsfreude, rege Präsenz und Flexibilität.

Kirsten, zum Beispiel, nimmt ihre Arbeit sehr ernst. Sie erwartet für ihre guten Leistungen und ihren Einsatz eine entsprechende Anerkennung. Sie hält sich von dem informellen System fern und hält es für eine Verschwendung ihrer kostbaren Arbeitszeit. Sich so zu verhalten wie Herr Müller, der 90% seiner Arbeitszeit im Hause tagtäglich mit Plaudereien verbringt, das ist nichts für sie. Da kommt ja nichts dabei heraus. Zu diesem „Männerclub" fühlt sie sich als einzige Frau im Team sowieso nicht zugehörig. Pure Anbiederei ist das und unter ihrem Niveau. Vielleicht geht es Ihnen in diesem Punkt wie Kirsten. Ihre hehren Ansprüche in Ehren. Aber im Spiel ist die Teamspielerin gefordert und nicht nur die Fachfrau, die wie ein Stier arbeitet, ihre Prinzipien hütet und keine Minute von ihrem Schreibtisch aufschaut.

Viele Frauen sind von Kindesbeinen an mit den Regeln des Anstands und der Moral aufgewachsen, während die kleinen Jungen über die Strenge schlagen mußten, um als „richtige Jungens" zu gelten. Sie haben das komplizierte Regelwerk, das Kampfgeist, Wettbewerb und Siegesmut erfordert, bereits in der Kinderstube einüben dürfen. Frauen stehen dagegen gleich Alice im Wunderland vor dem unüberschaubaren Dickicht betrieblicher Beziehungen und Vernetzungen und finden Regeln und Kommunikationsstrukturen vor, die ihnen fremd sind und oft ihren moralischen Grundsätzen zuwiderlaufen. Natürlich läuft es im betrieblichen Gefüge nicht immer nach den Regeln der Fairneß und des gesunden Menschenverstandes. Eine Welt scheint manchmal zusammenzubrechen, wenn wir wieder einmal auf Verhaltensformen und Entscheidungen treffen, die nicht nachvollziehbar, vielleicht sogar unlauter erscheinen, auf jeden Fall, aus unserer Sicht, jeder menschlichen Logik entbehren. Fast immer gibt es da aber eine Logik, vielleicht nicht Ihre, vielleicht nicht meine, aber eine, die mit den Menschen und dem Unternehmen zusammenhängt, die Ihr Umfeld bilden. Sie werden sie nur verstehen lernen, wenn Sie mit wachem Blick durch Ihr Unternehmen spazieren und bereit sind, Ihre hauseigene Logik gelegentlich auf den Kopf zu stellen. Eine andere Sicht kann Ihnen den Blick freilegen für Zusammenhänge, die Sie vorher nicht gesehen haben. Sie müssen nicht alle lieben, mit denen Sie arbeiten, und Sie müssen nicht alles akzeptieren, was sich da vor Ihren Augen abspielt. Wenn Sie sich eine weitere Zukunft in Ihrem Unternehmen wünschen, sollten Sie jedoch begreifen lernen, was Sie wirklich in Ihrem betrieblichen Umfeld verändern wollen und können, und sich - statt auf die Lücken - auf den gemeinsamen Nenner konzentrieren.

Sich verändern, ohne sich untreu zu werden

Sie müssen keineswegs eine andere werden, um „mitspielen" zu können. Und auch Herrn Müller müssen Sie es nicht gleichtun – immer und überall plaudernd unterwegs – oder Herrn Schulze, der an Herrn Müllers Stuhl sägt. Es liegt in Ihrer Hand, ob Ihre Kontaktpflege zur Anbiederei wird oder in eine respektvolle Form der Zusammenarbeit mündet. Vergessen Sie nicht, das informelle System lebt vom Geben *und* Nehmen. Und dagegen ist ja eigentlich nichts einzuwenden, oder? Blutsauger haben nämlich ein kurzes Leben. Im Grunde praktizieren Sie das Prinzip tagtäglich bereits im Kleinen. So übernehmen Sie eine Arbeit für die Kollegin, weil sie einen wichtigen Termin hat, und ein andermal revanchiert sie sich bei Ihnen. Mit dem Kollegen treffen Sie Vereinbarungen, die ein Problem auf unbürokratische Weise lösen. Aber es wird nicht an die große Glocke gehängt.

Nun ist bei den informellen Kanälen nicht nur gegenseitige Hilfe wichtig, sondern auch Imagepflege und ein Sich-zur-Schau-Stellen. Ihre fachliche Qualifikation und Ihre persönlichen Stärken sind nur der Grundeinsatz für Ihre Teilnahme am großen Spiel. Ihre Karriere kommt zu einem Stopp, wenn Sie die Spielregeln nicht kennen oder sie mißachten. Versuche, die Spielregeln zu verändern, bevor Sie sie durchschaut haben, führen meist ins Aus. Denn Veränderungen sind eine Frage von Zeit und Erfahrungen. Wenn Sie in einem Unternehmen neu sind, ist es sinnvoll, die Gegebenheiten erst einmal zu akzeptieren und sich darin Ihren eigenen Weg und Platz zu suchen. Die ersten sechs Monate sind ein guter Zeitraum, um sich ein Bild von der Sie umgebenden Unternehmenskultur zu machen. Sie erfahren alles, was Sie wissen müssen, wenn Sie gut zuhören, aufmerksam beobachten und viele Fragen stellen. Nutzen Sie die Erfahrungen der schon „eingesessenen" Kolleginnen und Kollegen und hüten Sie sich vor vorschnellen Wertungen. Merke: Nichts ist so beständig wie Veränderungen. Auch in einem Unternehmen verändern sich die Menschen, die Rollen und Positionen. Es lohnt sich also, die eigenen Wahrnehmungen und Erfahrungen immer wieder neu zu überprüfen.

2 Felder vor und 3 zurück?
(oder „Zurück an den Start")

Einen Anpfiff können Sie sich einheimsen, wenn Sie durch folgende Verhaltensweisen die Hackordnung im Betrieb mißachten.

• Sie übergehen zum Beispiel Ihre(n) unmittelbare(n) ChefIn und wenden sich an seinen/ihre ChefIn, um etwas durchzusetzen. Sie können sicher sein, Ihr(e) Vorgesetzt(e)r erfährt davon, noch bevor Sie wieder an Ihrem Arbeitsplatz sitzen, die Vertrauensbasis ist erst einmal erschüttert. Das gilt auch für andere Beispiele, wann immer es um bestimmte Zuständigkeiten geht. Lassen Sie sich dabei nicht allein von Ihrer Sympathie zu den Betroffenen leiten.

• Sie füllen Aufgaben und die Position, für die Sie engagiert worden sind, nicht aus und ignorieren die Erwartungen an Ihre Rolle. Sie sind zum Beispiel Assistentin des Geschäftsführers, weigern sich aber ständig, Ihrem Chef zuzuarbeiten (wir gehen einmal davon aus, daß es sich hier um einen „vernünftigen" Chef handelt), und führen sich auf wie der Chef persönlich (denn auf seinen Sessel waren Sie vom ersten Tag an scharf). Herzlichen Glückwunsch zu Ihrem beruflichen Ehrgeiz – aber Schritt für Schritt.

• Sie respektieren den Kompetenzbereich der Kollegen und Kolleginnen nicht, sondern mischen sich ständig ein oder versuchen, andere zu kontrollieren.

• Sie wahren die Ihrer Position angemessene Balance von Nähe und Distanz nicht.

• Sie treten Ihre Privatangelegenheiten oder die persönlichen Angelegenheiten anderer breit.

- Sie lassen Firmenangelegenheiten nicht in der Firma, sondern tragen Sie in die Öffentlichkeit, schlimmstenfalls nennen Sie sogar Namen.

- Sie ignorieren die Grundregel, die da heißt „Business comes first".

Arbeit mit Männern

Ein amerikanischer Topmanager interviewt drei Bewerberinnen für eine Assistentinnenstelle. Er braucht eine robuste, stabile Mitarbeiterin, die ihm in Zukunft in einem überwiegend männlichen Team die vielen Störungen vom Leibe halten soll. Die erste Bewerberin erscheint. Nach ein paar Minuten „Small Talk" wendet sich der Manager an sie mit der Frage: „Stellen Sie sich vor, Sie sitzen in einem Flugzeug. Das Flugzeug stürzt über dem Ozean ab und Sie überleben und landen mit 17 Männern auf einer einsamen Insel. Wie gehen sie mit dieser Situation um?" Die Bewerberin überlegt kurz: „Ich wüßte nicht, wie ich damit klarkäme, die einzige Frau unter 17 Männern zu sein. Ich würde mir einen hohen Felsen suchen und springen". Der Manager verabschiedet sich von ihr. Die zweite Bewerberin kommt herein und er stellt ihr die gleiche Frage. Die Kandidatin überlegt kurz und erwidert: „Ich würde mich mit dem Führungskopf verbünden und ihn unterstützen. Dann wüßte ich, daß ich gut aufgehoben wäre". Dem Manager gefällt diese Antwort, und er denkt, „das ist meine Mitarbeiterin". Aber er muß ja noch die dritte Bewerberin interviewen, die vor seinem Büro wartet. Er holt sie hinein. Sie unterhalten sich eine Weile, dann stellt der Manager ihr die gleiche Testfrage: „Sie finden sich auf einer einsamen Insel wieder als einzige Frau mit 17 Männern. Wie werden Sie sich verhalten?" Die Kandidatin schaut ihn verwundert an. Er fragt sie, ob sie ihn verstanden habe. Sie erwidert:

„Ich glaube, ich habe Sie verstanden. Aber – wo liegt das Problem?" (in: Working with Men, Beth Milwid)

Diese kleine Geschichte zeigt die unterschiedlichen Einstellungen und Rollenangebote von Frauen in der Zusammenarbeit mit Männern. Es gibt die ganze Bandbreite von Resignation über völlige Anpassung bis mutige Eigenständigkeit. Es gibt viele Frauen, die öfter oder selbständig als einzige Frau mit Männern zusammenarbeiten und kein Problem mit ihrer besonderen Position haben. Und es gibt Frauen, die im ständigen Kampf mit männlichen Kollegen und Chefs liegen und weder zu einer gemeinsamen Sprache noch zu gemeinsamen Lösungen finden. Frauen opfern sich, Frauen verausgaben sich, Frauen brennen aus und verzehren sich in den Auseinandersetzungen um die Durchsetzung ihrer Rechte, Interessen und um die Anerkennung ihrer Leistungen. Frauen haben viele gute Gründe, für Veränderungen einzutreten. Wichtig ist, daß Sie erkennen, wie Ihr Spielfeld aussieht, auf dem Sie sich bewegen, damit Sie dann die erforderlichen Strategien entwickeln können, um Ihre Kräfte gezielt einzusetzen.

Wenn Sie als Frau neu in ein Unternehmen kommen, dann betreten Sie in aller Regel männliches Terrain. Das heißt, die entscheidenden Positionen sind männlich besetzt, die Unternehmenskultur und -politik von Männern geprägt, die Spielregeln von Männern gemacht. Ein klarer Heimspielvorteil, leider nicht für Sie.

Sie finden wenige weibliche Rollenvorbilder vor. Die Lobby ist männlich. Das „Old Boys Network" hat Tradition und ist allgegenwärtig.

In den Köpfen der meisten Männer existieren noch immer stereotype Rollenklischees über Frauen, die auf den Erfahrungen mit den eigenen Familienfrauen (die

Mutter, Schwester, Tochter, Ehefrau) basieren und auf den Erfahrungen mit Ihren Vorgängerinnen. Männer haben in der Regel noch relativ wenige Erfahrungen mit karrierewilligen Berufsfrauen und kennen Frauen im Beruf oft nur als Untergebene.

Je nachdem in welcher Branche Sie arbeiten oder welches berufliche Neuland Sie als Frau betreten, Sie werden sich sowohl mit der Konkurrenz Ihrer gleichaltrigen männlichen Kollegen auseinanderzusetzen haben als auch mit den tradtionsbewußten älteren Kollegen, die bislang noch nie mit einer Frau gearbeitet haben.

Sie befinden sich als karrierewillige Frau in Ihrem Unternehmen (und möglicherweise als einzige Frau in einem Männerteam) in einer besonderen Position.

Das sind die Bedingungen, die Sie in den meisten Unternehmen und Institutionen vorfinden. Sie werden sich immer wieder die Frage neu beantworten müssen, welche Möglichkeiten Sie haben, an Ihrem Arbeitsplatz Bedingungen zu verändern, und wann es sich lohnt, Kraft und Energie für Veränderungen zu investieren. Sie werden Erfahrungen machen mit dem Kampf gegen Windmühlen und entscheiden müssen, ob Sie am richtigen Ort kämpfen oder tatsächlich andere Arbeitsbedingungen und –formen brauchen, die Sie beruflich weiterbringen.

Welche praktischen Folgen haben diese Bedingungen für Sie? Niemand rollt den roten Teppich für Sie aus, bloß weil Sie eine Superfrau sind. Das müssen Sie selbst tun. Warum sollten Ihre männlichen Kollegen für Ihre Interessen eintreten oder für Sie als Frau die Lanze brechen? Sie müssen selber kämpfen, anstatt auf die „Ritter" im Büro zu hoffen.

Quotenfrau hin, Quotenfrau her, im Zweifelsfall verständigt sich die Lobby – und männliche Konkurrenten werden da ganz schnell zu Verbündeten – zu Ihren Ungunsten. Ich möchte nicht die Notwendigkeit von Quotenregelungen diskutieren, sondern die Erwartungen, die sich in Ihrem Kopf abspielen, der Nüchternheit unternehmerischen Denkens gegenüberstellen: Niemand *schuldet* Ihnen eine Stelle oder Beförderung.

„Ach, wie grausam ist diese Welt" kann nicht die Schlußfolgerung aus einer solchen Realitätsschau sein. Sie lädt Sie vielmehr dazu ein, den Kampf gegen Windmühlen vom notwendigen Eintreten für Ihre Interessen unterscheiden zu lernen, damit Sie die Puste für die Ihnen wichtigen Vorhaben behalten und nicht kostbare Kräfte auf der Strecke bleiben.

Im Unternehmen begegnen sich zwei Kulturen. Frauen und Männer gehen mit Macht, Erfolg und Niederlagen unterschiedlich um. Frauen stellen häufiger Warum–Fragen, Männer die Wie–Fragen. Frauen hören häufiger „zwischen den Zeilen", Männer dagegen nehmen das wahr, was sichtbar ist. Die Managementberaterin Gerdrud Höhler spricht von dem „männlichen Auge" und dem „weiblichen Ohr".

Wie bewegen sich Frauen auf diesem Terrain? Welche Rollen nehmen sie ein? Hier zwei sehr unterschiedliche Erfahrungen:

Ilse K., 38, Sekretärin, wirkt mit ihrer zierlichen Statur und den langen blonden Locken mädchenhaft. Ihre Stimme klingt zaghaft. Sie spricht leise: „Wenn ich etwas für meinen Chef suche und es nicht sofort finden kann, sagt er so von oben herab: „Ach, Mäuschen, wo hast Du das denn wieder eingeordnet". Ich komme mir da immer so klein gemacht vor."

Ilse hat bislang die Rolle der Schutzbedürftigen eingenommen und sich nicht getraut, aufzubegehren. Das Bild der Kindfrau findet sich in ihrer Kleidung wieder, in ihrer Stimme und wird bestätigt durch die verniedlichende Anrede des Chefs. Sie und Ihr Chef haben diese Umgangsform eingerichtet und bestätigen sie tagtäglich. Wenn Ilse ernst genommen werden will, sollte sie für eine angemessene Distanz und für eine angemessene Anrede sorgen und sich z.B. das „Mäuschen" verbitten. Will Ilse die Rolle der Kindfrau abgeben, um in die Rolle der kompetenten Mitarbeiterin hineinzuwachsen, wird sie nicht nur ihr äußeres Auftreten überprüfen und eventuell in einem Selbstbehauptungsseminar Selbstsicherheit trainieren, sondern auch die Organisation ihrer Arbeit einer kritischen Prüfung unterziehen müssen.

Marion T., 33, ist Außendienstmitarbeiterin für ein Unternehmen, das Heimwerkerartikel vertreibt. Sie ist die einzige Frau unter den Außendienstkollegen. Ein Großteil ihrer Kunden sind Männer. Auf den ersten Blick wirkt sie sehr selbstbewußt. Sie spricht bestimmt, kleidet sich auffallend. Aber sie wirkt plötzlich erschöpft, wenn sie gesteht: „Ich bin so hart geworden in diesem Job. Ich will mich nicht nur mit den Ellenbogen durchsetzen müssen. Ich glaube, den Männern macht meine Forschheit manchmal Angst".

Marion hat die Rolle des bärbeißigen Kumpels übernommen. Die Kraftprotzerei hat sie viele Energien gekostet und sie eher von sich selbst entfremdet. Zu groß scheint die Kluft zwischen der beruflichen Person, die keine Schwächen zeigen darf, und der privaten Person Marions, die sich einen menschlichen, verständnisvollen Umgang wünscht. Marion hat sich in der Arbeit festgebissen und darüber hinaus sehr feste Vorstellungen von dem Auftreten einer erfolgreichen Frau. Während Ilse Initiative entwickeln sollte, braucht Marion das Lassen und Loslassen. Die Überanstrengung ihres Engagements zeigt, daß sie ihre Energien verpulvert an Ecken und Enden, wo sie nichts zurückbekommt. Sie sollte ihre Ziele und ihre bisherigen Prioritäten neu überprüfen, um ihre Energien gezielt nach dem Prinzip „weniger ist mehr" einzusetzen.

Renate G., 40, Projektleiterin im Bildungswesen, wirkt angespannt und nervös. Die Wut über ihre gegenwärtige Arbeitssituation steht ihr förmlich ins Gesicht geschrieben: „Ich arbeite mit meinem Kollegen im gleichen Projektbereich. Wir haben je zwei Projekte, die wir von A – Z betreuen. Mein Kollege pickt sich immer die Rosinen heraus, ist ständig unterwegs, führt Gespräche mit wichtigen Leuten und ist für seine ProjektteilnehmerInnen selten zu sprechen. Das darf ich dann für ihn tun! Ich mache die tägliche Kleinarbeit, und er erntet die Früchte. Sein Name ist in aller Munde. Man kennt Herrn Soundso, ah ja der Projektleiter von .... . Zahlreiche Diskussionen und Vereinbarungen über eine ausgewogenere Aufteilung der Arbeit haben nichts bewirkt".

Kommt Ihnen das bekannt vor? Es handelt sich hier um das typische „Hausfrauensyndrom" am Arbeitsplatz. „Sie" ist für die Alltagsbewältigung zuständig, und „er" bewegt die Dinge im Großen. Renate muß eine Entscheidung darüber treffen, wie sie ihre Arbeit in Zukunft gestalten will, wo ihre Zuständigkeiten liegen und welche Aufgaben sie auch delegieren kann. Wenn Renate nicht für den „Kleinkram" zuständig sein will, dann muß sie sich die größeren Geschäfte vornehmen und dafür sorgen, daß sie in Kontakt mit wichtigen Leuten kommt. Die Teilnehmer seines Projekts sollte sie dann konsequenterweise an ihn verweisen, statt immer wieder zur Verfügung zu stehen. Klare Vereinbarungen sind notwendig. Diskussionen und Anklagen führen häufig nicht weiter. Renate wird ihren Kollegen nicht umerziehen können. Sie muß handeln und ihm zeigen, wie sie sich die Zusammenarbeit vorstellt.

Rollenbilder

Wir Frauen spielen verschiedene Rollen in unserem Leben: als Geliebte, Mutter, Ehefrau, Schwester und Tochter, um nur einige zu nennen. Jede Rolle enthält unterschiedliche Aufgaben und Erwartungen, Denkmuster und Verhaltensweisen. Es ist oft schwer, den ureigenen Part dabei zu spüren, und so vermischen sich die Rollen manchmal und kommen auch im Beruf je nach Anlaß und „Stichwort" zum Auftritt. Nachfolgend finden Sie fünf Rollentypen, in denen sich viele berufstätige Frauen in der Zusammenarbeit mit Männern häufig bewegen. Überprüfen Sie, zu welchem Typus Sie in der Praxis tendieren bzw. welche Aspekte davon Ihnen vertraut sind:

Der Kumpel:
Sie verhält sich eher geschlechtsneutral. Mit ihr kann man sozusagen „Pferde stehlen". Sie ist immer da, wenn's brennt, auch nach Feierabend. Ihre Tür steht immer offen. Bei ihr finden alle Trost und Rat. Sie ist sachlich und hilfsbereit. Über sich selbst redet sie nicht viel. Man kann sich hundertprozentig auf sie verlassen. Sie ist stark im Geben und gönnt sich nicht das Nehmen. Es ist eine sehr selbstausbeuterische Rolle.

Die Matriarchalin
Sie hat „ihre Jungs" fest im Griff und räumt ständig hinter ihnen her. Sie verströmt Herzlichkeit und Strenge und brüllt auch mal, wenn ihr der Kragen platzt, ist moralisch einwandfrei und fast unbestechlich. Sie ist die „Seele des Betriebs", und weil sie so unersetzlich ist, sitzt sie auch schon zehn Jahre am selben Platz. Ihre Überstunden ergeben einen Jahresurlaub. Diese Rolle bringt ein hohes Maß an emotionaler Verausgabung.

Die „Fachfrau"
Sie ist und bleibt cool. Unsachlichkeit hat bei ihr keinen

Platz. Sie arbeitet effizient und liebt keine unnötigen Plaudereien. Sie braucht keine Hilfe. „Selbst ist die Frau" ist ihre Devise. Sie hat viele gute Antworten und weiß vieles besser. Ihr kommt man besser nicht zu nah. Sie gibt nicht unnötig und holt sich, was sie braucht. Eine Rolle, für die frau sich warm anziehen muß.

Die „Rebellin"
Sie hinterfragt alles und jedes. Sie ist oft wütend und fühlt sich ungerecht behandelt oder diskriminiert, tritt auch gern für die Rechte anderer ein. Von Diplomatie hält sie nichts. Sie ist wahrheitsliebend, fordert überall Offenheit und läßt sich häufig auf zeitraubende Kämpfe ein. Dafür nimmt sie sich dann Arbeit mit nach Hause. Sie sucht die Solidarität der Frauen im Betrieb, weil sie das Patriarchat zur Strecke bringen will. Eine Rolle, bei der die eigenen beruflichen Ziele in Vergessenheit geraten können.

Die „Sanfte"
Sie ist heiter und freundlich und mit jedermann „cosy". Sie zieht die Gemütlichkeit dem schnellen Tempo vor und gerät bei Terminsachen schnell in Streß. Sie bricht auch schon einmal in Tränen aus und arbeitet sehr personenbezogen. Ihre Verfassung steht und fällt mit der Stimmung des Chefs bzw. der Chefin. Eine harmonische Atmosphäre ist für sie das wichtigste. Eine Rolle, die ein eigenständiges berufliches Profil verhindert.

Wenn Sie sich in eine der Rollen wiedergefunden haben, beantworten Sie sich folgende Fragen:

1. Wie geht es mir in dieser Rolle?
2. Bringt sie mich beruflich weiter?
3. Was kann ich tun oder muß ich lassen, um mein persönliches Wohlbefinden und berufliches Weiterkommen zu fördern?

Natürlich gibt es auch die Berufskollegin, die von jeder dieser Rollen ein bißchen in sich vereint. Die weiß, was sie zu geben hat, und die weiß, wann sie nehmen kann. Sie übernimmt Verantwortung im Zusammenspiel mit den männlichen Kollegen und findet eine Balance zwischen dem eigenen Stil und dem im Unternehmen vorgefundenen. Dies zu erreichen stellt eine große Herausforderung für viele Frauen dar. Es ist fatal, wenn Frauen versuchen, das Gehabe von vermeintlich erfolgreichen Männern zu imitieren und sich ihrer Tricks zu bedienen. Zum einen bringt dies, so zeigt die Erfahrung, oft Frauen hervor, die ihren eigenen Geschlechtsgenossinnen nicht gerade solidarisch gesonnen sind, zum anderen sind viele dieser „Tricks" nicht 1:1 übertragbar, weil ihnen das Netz der bereits erwähnten männlichen „Old Boy" – Verschworenheit fehlt.

Die weiblichen Qualitäten

Sehr wohl brauchen Sie im Beruf Strategien und Pläne, um sich als Frau einen anerkannten Platz und einen guten Ruf im Unternehmen zu erwerben. Nutzen Sie Mittel und Wege, die Sie auch persönlich vertreten können, und verleugnen Sie Ihre weiblichen Qualitäten nicht. Das Ergebnis einer Langzeitstudie der Zeitschrift „freundin" zeigt, daß Frauen zunehmend auf Verstand setzen und im stärkeren Maße als vor zehn Jahren besonders im Beruf bemüht sind, Gefühlsregungen zu unterdrücken. Diese Form von Sachlichkeit bringt Sie, liebe Leserin, beruflich nicht weiter. Gefühle wie Ärger und Enttäuschung sollten zum gegebenen Zeitpunkt genauso ihren Ausdruck finden wie Begeisterung und Freude. Tränen jedoch lassen Sie lieber zu Hause fließen, da, wo Sie Zeit und Raum haben, in sich zu gehen und zu verarbeiten. Erfolg im Beruf fordert die ganze Persönlichkeit. Wenn Sie Ihre Gefühle im angemessenen Verhältnis einbringen, verlieren Sie keinen Zentimeter an Kompetenz. Es ist weitaus anstrengender und verbraucht eine Menge unnötige Energie, Gefühle ständig zu unterdrücken. Auf längere Sicht gesehen machen angestaute Gefühle krank. Die weiblichen Qualitäten, die uns als Frauen zur Verfügung stehen, die sozialen Kompetenzen, die auch als zukunftsweisende Managerqualitäten wie Einfühlungsvermögen, Flexibilität, ganzheitliches Denken gepriesen werden, sind das Kapital unseres Andersseins, das wir ausschöpfen sollten. Sie als Frau können dazu beitragen, daß sich an Ihrem Arbeitsplatz, in Ihrem Unternehmen überholte Rollenbilder und Erwartungen verändern. Das erfordert Zeit und Beständigkeit und die Unterstützung vieler Frauen. Die zentrale Frage in bezug auf die Zusammenarbeit mit Männern ist nicht: Wer muß sich verändern, sondern: Wo ist Kooperation möglich?

- Arbeiten Sie nicht mit dem erhobenen Zeigefinger und lassen Sie Vorwürfe und Schuldzuweisungen außen vor. Fragen Sie lieber: Was kann wie verbessert werden?
- Erkennen Sie rechtzeitig, wann Diskussionen nichts mehr bewirken, sondern Ihr Handeln gefordert ist.
- Pflegen Sie die Qualität des „weiblichen Ohres". Es ist gut, Zwischentöne wahrzunehmen und diese Informationen in Ihr Handeln einzubeziehen.
- Bringen Sie sich als ganze Person ein und reden Sie mit Kollegen und dem Chef auch einmal über Nichtfachliches.
- Sorgen Sie aber dafür, daß sich Privates und Beruf nicht am Arbeitsplatz vermischen.
- Last not least: Nur wenn Sie sich selbst beachten, werden Sie beachtet.

Unter der Gürtellinie

Schläge unter die Gürtellinie reichen von konkreter sexueller Anmache am Arbeitsplatz über Zoten in gemeinsamer Runde zu subtilen frauenfeindlichen Äußerungen und Verhaltensweisen.

Die konkrete sexuelle Anmache in Worten und Tat bringt viele Frauen in eine Zwickmühle. Sie mögen nicht zurückschlagen, weil sie berufliche Nachteile befürchten. Sie behalten die Erlebnisse für sich aus Angst, man würde ihnen nicht glauben.

Hier ist Handeln gefragt. Wenn immer Sie sich belästigt fühlen, setzen Sie sofort Grenzen und zeigen Sie dem Betreffenden die „Grenze" klar und deutlich. Keinesfalls sollten Sie solche Angriffe übergehen oder überhören und darauf hoffen, daß er die Anmache von selbst einstellt. Erfahrungen von Frauen in den USA haben gezeigt, daß es hilfreich sein kann, dem Belästiger schriftlich mitzuteilen, daß seine Annäherung unerwünscht ist und zu unterbleiben hat. Auch ein Brief einer Anwältin kann zum Erfolg führen. Wichtig aber ist, daß Sie sich jemanden anvertrauen und die Belästigung nicht verschweigen. Gegebenenfalls wenden Sie sich an die Geschäfts- oder Personalleitung, noch besser an die Frauenbeauftragte, sofern es eine in Ihrem Unternehmen gibt. Ich verweise auf den DGB-Ratgeber gegen sexuelle Belästigung am Arbeitsplatz von Sibylle Plogstedt und Barbara Degen, „Nein heißt nein!", München, 1992.

Im beruflichen Alltag werden Sie häufiger auf die „harmlosen" Begebenheiten männlichen Dominanzverhaltens treffen, z. B. auf eine typische Situation in gemeinsamer Runde (17 Männer und eine Frau!): Ihre Kollegen haben „vergessen", daß Sie dabeisitzen und reißen einen Männerwitz nach dem anderen. Ihnen hängt's schon zum Hals heraus. Sie können und wollen sich dem Blödsinn nicht weiter aussetzen und haben auch nichts dazu beizutragen. Sie versuchen anfangs, dem ein oder anderen Witz etwas abzugewinnen, werden aber im Verlauf des Gesprächs immer stiller, treten den innerlichen Rückzug an und ärgern sich über die Kollegen und über sich selbst, daß Sie sitzenbleiben und aushalten.

Oftmals verharren wir in einer Situation und Verhaltensweise, weil wir nicht wissen, welche alternativen Handlungsmöglichkeiten uns zur Verfügung stehen. Sie werden jedoch eine unbefriedigende Situation nur dann in eine für Sie befriedigende wandeln können, wenn Sie selbst für die Veränderung sorgen und aktiv werden. Experimentieren Sie mit folgenden Verhaltensmöglichkeiten:

• Sie verabschieden sich.
• Sie ergreifen das Wort und wechseln das Thema.
• Sie erzählen auch Witze (so daß Ihren Kollegen Hören und Sehen vergeht).
• Sie äußern Ihren Unmut und fordern Ihre Kollegen auf, das Thema zu wechseln.

Meine Empfehlung: Lassen Sie sich nicht dazu verleiten, zu moralisieren oder Witze in ihre zulässigen und unzulässigen Bestandteile zu zerlegen. Aber wählen Sie die Umgangsform, die Ihnen persönlich entspricht, zeigen Sie in jedem Fall Präsenz und nehmen Sie Ihr Wohlbefinden selbst in die Hand.

Das gilt auch für alle anderen nicht so sichtbaren frauenfeindlichen Äußerungen. Vermeiden Sie theoretische Abhandlungen und korrigieren Sie direkt in der Situation, mit einer Einschränkung: Es gibt Gesprächssituationen, in denen ein Zurechtrücken von Äußerungen, die Sie als Frau beleidigen, vom eigentlichen Thema oder Vorhaben ablenkt und daher bei einem vielleicht nebensächlicheren Anlaß mehr Gehör findet. Behalten Sie Distanz zu der Situation und nutzen Sie auch Ihren Humor.

Wir verbringen ja die meiste Zeit des Tages an unserem Arbeitsplatz. Da kann es schon einmal passieren, daß aus Sympathie ein Flirt wird und daraus eine Affäre oder eine Beziehung. Ein Flirt kann durchaus die Arbeit versüßen und die Zusammenarbeit von Frauen und Männern bereichern. Wenn der Flirt sich ausweitet, ist erhöhte Aufmerksamkeit vonnöten. Grundsätzlich ist es meist klug, Privatleben und Arbeit zu trennen. Affären, besonders beendete Affären, kehren sich fast immer gegen die Frauen und sägen an ihrer Professionalität. Die Betroffene ist in den Augen der anderen schnell das Flittchen, das es mit dem Kollegen „getrieben" hat. Der Kollege dagegen gilt als der tolle Hirsch, der sie herumgekriegt hat.

Auch wenn Sie der Meinung sind, so etwas gäbe es in Ihrem Unternehmen nie, ist das leider immer noch das vorherrschende Denkmuster. Aber das Leben spielt ja oft anders, als Theorien empfehlen. Sollten Sie einmal in eine solche Situation geraten, überprüfen Sie genau, welche Bedeutung diese Beziehung im Zusammenhang mit Ihrer beruflichen Position für Sie hat. Wenn die Beziehung für Sie wichtig ist und auf Gegenseitigkeit beruht, dann machen Sie die neue Verbindung bald öffentlich. Die KollegInnen haben in der Regel eh schon „Lunte gerochen". Für häufige Verliebtheiten ist der Arbeitsplatz gänzlich ungeeignet, denn Sie sind, tagtäglich und langfristig, auf eine gute Zusammenarbeit mit Ihren KollegInnen angewiesen.

Das sexuelle Interesse läßt sich oft schwer durchschauen, wenn es in geschäftliche Anlässe verkleidet wird. Ob Sie sich berufsbezogen mit Kunden treffen oder noch etwas mit dem Chef zu besprechen haben: Bleiben Sie eindeutig und klar in der Wahl des Ortes und des

Zeitpunkts. Fragen Sie sich, ob der gewählte Ort ein angemessener Ort für berufsbezogene Gespräche ist oder in der roten Plüschbar eher doch eine Stimmung aufkommt, die Sie gar nicht haben wollen? Ließe sich für das Gespräch nicht besser eine Tageszeit wählen, die unverfänglicher und neutraler erscheint (z.B. mittags oder direkt nach Feierabend statt nach 20 Uhr)? Diese Fragen sollten Sie für sich klären, wenn für Sie die Geschäftsbeziehung nicht eindeutig oder gerade im Entstehen begriffen ist. Schlagen Sie rechtzeitig die Pflöcke ein und machen Sie rechtzeitig die Grenzen der geschäftlichen Berührung deutlich.

Frauen und Frauen am Arbeitsplatz

„Frauen sind zickig. Ich arbeite lieber mit Männern", sagen Frauen über ihre Kolleginnen. „Frauen klatschen, Frauen sind so mimosenhaft, Frauen hacken aufeinander herum". Schauen wir uns einmal genauer an, wie Frauen mit Frauen zusammenarbeiten.

„Mit Männern ist es einfacher", meint auch Maria, Grafikerin bei einer Werbeagentur. „Wenn ich am Telefon mit Lieferanten verhandle oder bestimmte Informationen benötige, dann sind Frauen immer sehr kompliziert. Sie wollen immer alles dreimal abgesichert wissen und sind sehr vorsichtig im Weitergeben von Informationen. Außerdem sind sie immer so schrecklich ernst und sachlich ...." Maria, im übrigen selbst sehr sachlich auftretend, macht möglicherweise die Erfahrung, daß sie im Umgang mit einigen Berufskolleginnen auf die Züge und Umgangsformen trifft, die ihr selbst zu schaffen machen, auf den schon beschriebenen weiblichen Perfektionismus, der in bürokratischer Regelhaftigkeit erstarrt. Es ist ganz natürlich, daß wir uns, unabhängig vom Geschlecht, zu den Menschen hingezogen fühlen, deren

Qualitäten wir bewundern, oder die uns in unseren Stärken ähnlich sind. Wir suchen also die positive Ergänzung, nicht die negative Verdoppelung.

Frauen und Konkurrenz

Im Berufsalltag setzt sich zwischen Frauen ein Verhaltensmuster fort, das ich zuvor beschrieben habe: Wir zeigen Kompetenz, indem wir kühle Distanz und Sachlichkeit wahren und persönliche Anteile außen vorlassen. Und da gehen Frauen häufig sehr hart miteinander um, fordern viel voneinander und fördern sich gegenseitig zu wenig. Gudrun erzählt im Seminar, zu welcher Erkenntnis sie gekommen ist: „Wenn es um meine Karriere geht, halte ich mich lieber an die Männer. Die sagen schon eher: „Machen Sie mal", während die Frauen skeptisch fragen: „Trauen Sie sich das denn wirklich zu?".

Wir haben noch zu wenige weibliche Rollenvorbilder im beruflichen Alltag und laufen daher schnell Gefahr, überholte Bilder und Rollenklischees über Frauen selbst weiterzutragen. Denn nicht nur die Chefs und Kollegen müssen sich mit dem zunehmenden Frauenanteil in leitenden Positionen und Funktionen auseinandersetzen, sondern auch die Frauen sehen sich in wachsendem Maße Mitstreiterinnen gegenüber, die ebenfalls Karriere machen wollen.

Vielleicht wird auch Ihnen bei dem Gedanken an bevorstehende Konkurrenzsituationen mulmig zumute. Viele Frauen scheuen die Konkurrenz und ziehen die Kooperation dem Wettbewerb vor. Deshalb besitzen sie häufig auch gute Teamfähigkeiten. Aber die andere Seite der Medaille ist, daß Frauen Leistungsvergleiche meiden und sich nicht mit dem eigenen beruflichen Profil auseinandersetzen wollen.

Da kann es schon passieren, daß die Kollegin unbewußt gebremst oder der ein oder andere Erfolg besonders kritisch unter die Lupe genommen wird, errinnert er doch an die eigenen Barrieren. Oder umgekehrt, Frauen, die sich mühevoll hochgearbeitet haben, wollen nicht einsehen, daß es die „Schwester" leichter haben soll. Die wenigen Frauen, die mit Männern um höhere Positionen konkurrieren, wollen ihren Ausnahmestatus schützen und eventuell auch genießen, statt sich mit Mitstreiterinnen auseinanderzusetzen. Die häufig wenig gefestigte Position von Frauen in den Unternehmen hat zur Folge, daß Frauen sich auf die Seite der Macht schlagen, die Kooperation mit den Kollegen suchen und sich von ihren eigenen Geschlechtsgenossinnen distanzieren. Allerdings werden, wenn alle Frauen Rivalinnen sind, gemeinsame Aktivitäten im Kampf gegen die betrieblichen Barrieren erschwert, und die beförderten Führungsfrauen bleiben Vorzeigefrauen mit Ausnahmecharakter.

Wenn Sie ähnliche Erfahrungen machen und auf die Mißgunst und das Mißtrauen von Kolleginnen stoßen, dann ist es hilfreicher, nicht zurückzuschlagen, sondern sich zu fragen: Was habe ich bisher getan, um einen guten Kontakt herzustellen? Was weiß ich über die Kollegin, was weiß sie von mir? Wofür ist sie zuständig? In welcher Weise kreuzen sich unsere Arbeitsbereiche? Mißgunst ist häufig ein Ergebnis eigener Unzufriedenheit und Unerfülltheit in der Arbeit. Suchen Sie das Gespräch mit der Kollegin und zeigen Sie Interesse für ihre Arbeit. Wenn das Verhalten der Kollegin Sie in Ihrer Arbeit behindert, sprechen Sie mit ihr darüber, um eventuelle Mißverständnisse auf beiden Seiten zu klären und eine zufriedenstellende Umgangsform zu vereinbaren.

Folgende Gesprächsstruktur wird Ihnen dabei helfen:

a) Nennen Sie den Anlaß des Gesprächs und beschreiben Sie der Kollegin, wie Sie die Zusammenarbeit erleben. Bleiben Sie dabei sachlich, und schildern Sie Ihre Sichtweise. Hüten Sie sich vor Beschuldigungen und Vermutungen: „Sie sind arrogant, Sie nehmen keine Rücksicht ...", weil das die Betroffene in die Selbstverteidigung drängt und die Gemüter nur erhitzt. Stattdessen beschreiben Sie ihr Verhalten und wie es auf Sie wirkt bzw. sich auf Ihre Arbeit auswirkt.

b) Geben Sie der Kollegin Raum, ihre Sichtweise darzustellen, hören Sie ihr aufmerksam zu.

c) Erzählen Sie der Kollegin, wie Sie sich die Zusammenarbeit wünschen und wie diese, von Ihrer Seite, aussehen kann. Fragen Sie die Kollegin, welche Erwartungen sie an die Zusammenarbeit hat, und was sie gerne anders hätte.

d) Kommen Sie zu einer gemeinsamen Vereinbarung, die die Zusammenarbeit und den täglichen Umgang für beide Seiten erleichtert und angemessen regelt.

Wenn Sie es mit einer Kollegin zu tun haben, die gegen Sie intrigiert, z.B. unwahre Geschichten über Sie verbreitet oder Ihre Arbeit sabotiert, dann sollten Sie frühzeitig handeln, und die Klärung des Problems nicht auf die lange Bank schieben. Intrigen können sich sehr schnell auf Ihre Motivation und Arbeitsleistung auswirken und Sie psychisch zermürben. Sie können also nicht daran vorbeisehen und darauf hoffen, daß die Zeit die Wunden heilen wird, weil Intrigen (Gerüchte, Rufmord, etc.) einen Multiplikatoreffekt haben, der außerhalb Ihres Kontrollbereichs liegt. Sie müssen also bei den ersten Anzeichen von bösartigem Klatsch oder Versuchen, Sie in der Zusammenarbeit am „ausgestreckten Arm" verhungern zu lassen, unmittelbar reagieren, um die Opferrolle schnellstmöglich zu verabschieden:

1. Bleiben Sie mit Ihrem Problem nicht allein, sondern ziehen Sie Freundinnen und Ihre Familie ins Vertrauen.

2. Vereinbaren Sie ein Gespräch mit der Betroffenen unter vier Augen. Hierbei gelten die Konfliktlösungsregeln, wie vorab beschrieben (a. - d.) mit dem Unterschied, daß Sie unmißverständlich deutlich machen sollten, wo Ihre Grenzen liegen und welche Verhaltensweisen Sie sich unterbitten.

3. Suchen Sie Verbündete, vertrauenswürdige Kolleginnen, die Sie bei der Lösung des Konflikts beraten und unterstützen.

4. Wenn die Gespräche mit der Betroffenen nichts bewirken, wenden Sie sich an Ihre(n) Vorgesetzte(n), um ein Gespräch zu dritt zu führen. Der Konflikt kann dann nur mit Hilfe von Dritten, die vermitteln und Positionen klären bzw. Umgangsformen regeln, gelöst werden. Wenn das Problem sich ausweitet, sind mögliche Ansprechpartner auch Ihr Betriebsrat, die Gewerkschaften (in bezug auf rechtliche Beratung).

Frauen und Kooperation

Hinter jedem erfolgreichen Mann steht eine unterstützende Frau, so heißt es. Das trifft auch in einem Unternehmen oft zu. Es wäre kurzsichtig anzunehmen, wir könnten an den eh so machtlosen Frauen vorbeiziehen und uns ausschließlich an die männlichen Vertreter halten, die das Zepter in der Hand halten. Wie wir gesehen haben, gibt es verschiedene Formen von Machtausübung, z.B. das Weiterleiten oder Zurückhalten von für Sie wichtigen Informationen. Sekretärinnen sind da ernst zu nehmende Schaltstellen. Aber auch die Kollegin in der Sachbearbeitung kann auf ihre Weise die Abwicklung von Vorhaben so gestalten, daß Sie auf dem Schlauch stehen. In einem Unternehmen garantiert nur die gute Vernetzung und Zusammenarbeit aller den Erfolg. Es gibt auch andere Beispiele für die Zusammenarbeit von Frauen.

Heide, Projektleiterin in einem Industriebetrieb, ist erst seit einem Jahr in dem Unternehmen tätig. Sie hat ein Konzept für eine Umstrukturierung in der Abteilung entwickelt, das sie in Kürze ihrem Chef vorstellen wird. Diese Präsentation hat Premierecharakter und ist für sie besonders wichtig, weil sie sich und ihre Leistungen darstellen muß. Sie ist aufgeregt und unsicher, wie sie am besten vorgehen soll. Sie holt sich Rat bei Brigitte, einer erfahrenen Kollegin, die das Unternehmen schon sechs Jahre kennt und mittlerweile Abteilungsleiterin ist. Brigitte liest das Konzept und fragt nach den Prioritäten. Die Kolleginnen gehen noch einmal die Argumentation durch und diskutieren über eine geeignete Form der Präsentation. Im Dialog mit Brigitte wird Heide klar und deutlich, was besondere Hervorhebung verlangt und wie sie das Interesse bei ihrem Chef wecken kann. Bestärkt und mit größerem Selbstvertrauen geht sie in die Besprechung.

In diesem Fall hat Brigitte der Kollegin ihre bewährten Erfahrungen mit dem Unternehmen, mit Projekten, im Umgang mit dem Chef, seinem Stil und seinen Vorlieben, zur Verfügung gestellt. In Brigitte hat Heide auch eine solidarische Mitstreiterin, die sich als Frau im Laufe der Jahre zu behaupten gelernt hat und nun der jüngeren Kollegin zur Seite stehen kann. Brigitte ist jedoch nicht nur die Gebende, sie erfährt diese Art der kollegialen Begleitung auch als Bestätigung und Bestärkung des bisher von ihr Erreichten. Frauen können einander unterstützen und sich gegenseitig den Rücken stärken. Gemeinsam sind ihnen die Erfahrungen, Barrieren und Erfolge bei der Eroberung von beruflichen Positionen und bei der Bestätigung ihrer persönlichen und beruflichen Leistungen.

Wir haben gesehen, wie wichtig die Netzwerke der Männer zur gegenseitigen Sicherung ihrer Erfolge sind. Nur wir Frauen selbst können unseren Leistungen mehr Gewicht geben, indem wir beginnen, sie zu würdigen und die Erfolge miteinander zu feiern. Je mehr Frauen sich gegenseitig Beachtung und Anerkennung geben, desto mehr Beachtung werden sie von anderer Seite erhalten. Frauen können voneinander lernen, sowohl aus den Fehlern als auch aus den Erfolgen. Eine Frau, die es geschafft hat, die erreicht hat, was sie sich vorgenommen hatte, die Courage bewiesen hat, wo vorher Ängste waren, kann einer anderen Frau Mut machen und ihr den Weg weisen: „Das, was ich kann, kannst Du auch. Ich zeige Dir, welchen Weg ich gegangen bin." Mit jedem Erfolg, den die Kollegin feiert, werden auch Ihre Visionen ein Stück erreichbarer und Möglichkeiten der Verwirklichung überprüft.

Britta, Sachbearbeiterin bei einer Versicherung, kehrt nach einer langen, aufreibenden Gehaltsverhandlung mit ihrer Chefin erschöpft an ihren Schreibtisch zurück. Dort steht ein Blumenstrauß mit einer Karte „Gratuliere! Renate". Britta freut sich, und der Streß der letzten Stunden fällt ein Stück von ihr ab. Sie hatte der Kollegin von dem bevorstehenden Gespräch erzählt. Renate konnte ja den Ausgang der Verhandlung nicht wissen und hatte einfach auf Brittas Erfolg gesetzt. Auch Britta weiß noch nicht, ob ihre Forderung akzeptiert wird. Aber sie hat die Auseinandersetzung gewagt, und es ist schön, dabei eine Begleitung zu haben.

Partnerschaftlichkeit fällt nicht vom Himmel. Natürlich werden Sie immer auch Kolleginnen haben, mit denen Sie nie richtig warm werden und von denen keine Unterstützung zu erwarten ist. Was können Sie aber tun, um ein positives Arbeitsverhältnis einzufädeln?

1. Nehmen Sie aufmerksam wahr, was Ihre Kolleginnen leisten und was sie besonders gut können. Sprechen Sie Ihre Anerkennung aus, am besten in einer konkreten Situation. Sie wissen ja aus eigener Erfahrung, anerkennende Worte sind Streicheleinheiten, die uns

füreinander öffnen und unser Selbstbewußtsein stärken. Im übrigen auch Sie, die sie für andere ausspricht.

2. Würdigen Sie die kleinen und großen Anstrengungen und Erfolge der Kolleginnen: das Konfliktgespräch, die Gehaltsverhandlung, die Beförderung, vielleicht sogar wie Renate mit einem Gruß oder einer kleinen Aufmerksamkeit.

3. Suchen Sie das offene Gespräch und äußern Sie Ihre Kritik so, daß sie aufbaut und weiterhilft.

4. Treffen Sie klare und eindeutige Vereinbarungen mit Ihren Kolleginnen. Die Tatsache, daß Frauen eine gemeinsame Sprache sprechen oder ähnlich denken, darf nicht darüber hinwegtäuschen, daß Sie dafür sorgen sollten, so verstanden zu werden, wie Sie es beabsichtigen.

5. Eine gute Zusammenarbeit lebt vom Geben und Nehmen. Bieten Sie Ihre Hilfe an, wo Sie helfen können, und holen Sie sich Rat und Sachverstand von Kolleginnen, wenn Sie ihn brauchen.

6. Schaffen Sie sich von Zeit zu Zeit Anlässe, die Zusammenarbeit und den persönlichen Austausch zu festigen und zu pflegen. Das können gemeinsame Essen, Sportaktivitäten, Tagungen oder andere Aktivitäten sein.

7. Haben Sie Geduld mit diesem Prozeß und zeigen Sie Bereitschaft, den ersten Schritt zu tun.

Zusammenfassung

Um beruflich die richtigen Züge zu tun:
- müssen Sie das betriebliche Spielfeld und die Spielregeln gut kennen,
- die informellen Wege nutzen,
- sich mit der ganzen Person einbringen,
- mit der Devise „Business comes first" arbeiten.

4.
Bremsspuren II
Innere Barrieren

Der weibliche Perfektionismus
oder „die Superfrau"

„Du must so schnell laufen, wie du nur kannst, um dort zu bleiben, wo du bist. Wenn du woanders hin möchtest, mußt du mindestens doppelt so schnell laufen, sagt die Königin." (Alice im Wunderland)

Manche Überzeugungen und Verhaltensformen, die wir uns im Laufe des Lebens angeeignet haben, hindern uns daran, stolz auf unsere Leistungen zu sein, Herausforderungen anzunehmen und Gelegenheiten zu nutzen. Dazu gehören der weibliche Perfektionismus, die Angst vor Fehlern, die Angst „Nein" zu sagen und die Angst vor Erfolg. Diese Haltungen haben besonders Frauen im Kampf um die Anerkennung ihrer Leistungen ausgebildet, so daß sie einerseits hohe Ansprüche an ihre Leistungen und die Qualität ihrer Arbeit stellen; andererseits arbeiten Frauen mit einer solchen Haltung unter hohem Leistungs- und Beweisdruck und fragen sich immer wieder, ob sie gut genug sind und den Anforderungen genügen. Diese Frage stellen sich, so meine Erfahrung aus den Beratungen, alle Frauen unabhängig vom Alter und ihrer Qualifikation immer wieder von neuem.

Was verbirgt sich hinter dem Perfektionismus? Haben Sie das Bedürfnis, immer Ihr Bestes geben zu wollen? Wollen Sie immer top-fit und verfügbar sein? Sind Sie für 150%ige Qualität, wollen immer richtigliegen, es allen recht machen und nie Nein sagen müssen? Wurschteln Sie sich, koste es, was es wolle, allein durch und meinen, alles jederzeit „im Griff" haben zu müssen?

Überprüfen Sie mit folgender Checkliste, ob beziehungsweise wie stark Perfektionismus bei Ihnen ausgeprägt ist. Zählen Sie anschließend Ihre Ja-Antworten zusammen. Wenn Sie mehr als vier haben, sind Sie dabei. Haben Sie mehr als sechs, dann ist offenbar Ihre Bereitschaft, Neues zu lernen und Ihren Arbeitsbereich zu erweitern, sehr schwach ausgeprägt. Sie zeigen eine Haltung, die ein geringes Maß an Flexibilität kennt und besonders stark an altem festhält.

Checkliste:
Wie stark ist Perfektionismus bei mir ausgeprägt?

	Ja	Nein
Ich erwarte von mir, daß mir alles, was ich anpacke, gelingt.		
Ich ärgere mich, wenn mir einmal etwas nicht so gut gelingt, auch wenn ich darin neu bin, z.B. ein neues Kartenspiel zu lernen.		
Ich bin oft ungeduldig mit meinen Kollegen oder meinen Kindern, wenn sie etwas nicht schnell genug begreifen.		
Auf der Arbeit bin ich bekannt als eine Kollegin, die sehr hohe Anforderungen an andere stellt.		
Ich delegiere selten Aufgaben an andere erfahrene Mitglieder meines Teams.		
Ich lehne es gewöhnlich ab, ein Projekt zu beginnen, bevor ich nicht die bestmögliche Ausstattung und optimale Rahmenbedingungen habe.		

Ich nehme bei alltäglichen Pflichten, wie Hausarbeit, Essensvorbereitung, etc. selten Kürzungen vor.	
Ich schrecke davor zurück, Neues auszuprobieren.	

Warum Perfektionismus zum Bremsklotz in Ihrer Karriere werden kann

Perfektionistinnen arbeiten nach strengen Regeln. Für sie gibt es häufig nur einen Weg oder eine Art und Weise, etwas zu machen, zu bewerten und zu entscheiden. Das Streben nach 150%igkeit ist erfolgreich und bringt Sie voran, wenn hoher Einsatz und gute Qualität im angemessenen Verhältnis zu den erreichbaren Ergebnissen stehen. Das Streben nach 150%igkeit kann aber auch zum Bremsklotz in Ihrer beruflichen und persönlichen Entwicklung werden, wenn Ihr Perfektionsanspruch Sie davon abhält, neue Methoden und Wege in Ihrer Arbeit kennenzulernen und auszuprobieren und ausgetretene Pfade zu verlassen.

Lassen Sie uns nun die verschiedenen Seiten des weiblichen Perfektionismus in der beruflichen Praxis näher betrachten. So sieht der Arbeitsalltag einer vielbeschäftigten Sachbearbeiterin aus:

Silke M. ist seit 15 Jahren Sachbearbeiterin im Export. Sie ist stellvertretende Leiterin der Abteilung und hat Handlungsvollmacht. Silke macht viele Überstunden und kommt fast nie vor 20 Uhr aus dem Büro. Manchmal nimmt sie sich Arbeit mit nach Hause. Sie ist eine sehr sorgfältige und zuverlässige Mitarbeiterin. Anfragen bearbeitet sie immer sofort. Da sie die Abteilung mitaufgebaut hat und über langjährige Erfahrungen und Sachkompetenz verfügt, ist sie für viele Kollegen und Kolleginnen eine Ansprechpartnerin, zu ihrem Leidwesen allerdings. Denn weil ihre Tür stets für alle offensteht, bleibt ihr kaum Zeit für ihre Aufgaben; auf ihrem Schreibtisch stapelt sich Unerledigtes. Silke schreibt ihre Briefe selbst, holt morgens die Post und schickt und empfängt die notwendigen Faxe. Jeden Abend verläßt sie das Büro mit dem Gefühl, wieder nichts geschafft zu haben. Morgens graut es ihr vor dem Anblick des übervollen Schreibtisches.

Silke ist eine Perfektionistin. Sie will alles selbst machen. In der Beratung gehen wir gemeinsam ihren täglichen Arbeitsablauf durch und untersuchen die einzelnen Tätigkeiten in ihrem Aufgabenbereich nach der Wertigkeit und dem Zeitaufwand. Dabei stellt sich heraus, daß sie die meiste Zeit mit Routineaufgaben und sehr zeitaufwendigen Arbeiten verbringt und kaum zu den Aufgaben kommt, für die sie eigentlich zuständig ist. Die nächste Frage ist, an wen könnte sie Arbeiten delegieren, um Zeit für die in ihrem Zuständigkeitsbereich wesentlichen Aufgaben zu gewinnen? So entscheidet sie sich, die Post der Sekretärin in der Abteilung zu überlassen und das Faxen dem Auszubildenden.

Silke gibt nicht gerne Arbeiten ab. Sie hat eine bestimmte Vorstellung davon, wie etwas erledigt werden soll. Aus ihrer Sicht macht es keine/r so gut und so schnell wie sie. Silke hat dem Auszubildenden ein Fax gegeben. Obwohl sie ihm das Faxgerät erklärt hat, kommt er damit nicht zurecht. Das Fax erreicht den Empfänger später als geplant. Sie ist wütend und beschließt, in Zukunft wieder selbst zu faxen.

Delegieren will gelernt sein. Viele Frauen erleben das Problem zwiespältig. Wie Silke wollen sie einerseits alles selbst im Griff haben und sich nicht auf andere verlassen müssen. Andererseits beklagen sie die fehlende Unterstützung von anderen, Hilfsangebote können sie häufig gar nicht annehmen. Beruflich bringt es Sie jedoch keinen Meter weiter, der „Tausendsassa" zu bleiben. Unersetzlichkeit, besonders für die weniger qualifizierten Aufgaben, lassen auch Silke eher auf der Stelle treten.

Wenn Sie mehr Verantwortung und größere Aufgaben haben wollen, sollten Sie sich im „Abgeben" üben. Mit fortschreitender Aufgabenerweiterung wird es auch in Ihrem Arbeitsgebiet Tätigkeiten geben (Routineaufgaben, einfache Büroarbeiten), die Sie abgeben können. Delegieren heißt aber auch, Arbeit auf der gleichen Hierarchiestufe zu verteilen, und das kann nach Absprache mit gleichgestellten Kollegen und Kolleginnen geschehen.

Was sollten Sie beim Delegieren beachten? Grundlegende Voraussetzung für das Delegieren ist, daß Sie wirklich Arbeit abgeben wollen. Und daß Sie bereit sind, andere Arbeits– und Herangehensweisen zu akzeptieren und Ihre Ansprüche an Leistung und Qualität den Gegebenheiten, bzw. der Ihnen zur Verfügung stehenden menschlichen und fachlichen Kapazität anzupassen. Dabei sollten Sie sich dann folgende Fragen beantworten:
1. Was ist zu tun? Mit welchem Ziel?
2. Wer kann diese Aufgabe übernehmen?
3. Warum soll gerade er/sie (in bezug auf die besondere Eignung) die Aufgabe übernehmen?
4. Wie soll er/sie die Aufgabe erledigen?
5. Wann soll die Aufgabe erledigt sein?

Delegieren funktioniert nicht automatisch. Sie müssen erklären und anleiten, nachfragen und überprüfen. Das erscheint erst einmal aufwendig und zeitraubend. Kurzfristig gesehen ist es das auch. Aber wenn Sie langfristig entlastet werden wollen, lohnen sich die Bemühungen. Silke müßte zum Beispiel mit dem Auszubildenden ein paarmal, nicht nur einmal, das Faxgerät durchgehen und gemeinsam mit ihm das Senden und Empfangen von Faxen üben. Wir müssen die unterschiedlichen Lernweisen von Menschen berücksichtigen und dürfen unsere eigene nicht zum absoluten Gradmesser machen.

Zurück zu Silkes überladenem Schreibtisch. Ihr Ehrgeiz, alles selbst in der Hand behalten zu wollen, führt dazu, daß sie ständig hinter ihrem Zeitplan zurückbleibt und tagtäglich in ihrer Arbeit versinkt. Gleichzeitig nimmt ihre Arbeit sie so gefangen, daß sie Schwierigkeiten hat, nach Feierabend abzuschalten.

Das Entscheidende dabei ist, daß Silke in dem Verlangen nach 150%igkeit den Blick für die Unterscheidung zwischen wichtigen und weniger wichtigen Aufgaben verloren hat. Wie wir schon gesehen haben, findet sie zu wenig Zeit für die Aufgaben, für die sie unmittelbar zuständig und eingestellt ist. Silkes Problem ist, daß sie alle Aufgaben mit der gleichen Intensität, Konzentration und hohem Zeitaufwand betreibt, statt ihren Einsatz an der Wichtigkeit der Aufgabe zu messen. „Ohne Fleiß kein Preis" ist ihr Wahlspruch, denn pausenlose Hektik und Betriebsamkeit zwischen 9 und 20 Uhr sind für sie der Maßstab für Leistung. Silke will zeigen, daß sie belastbar ist, indem sie alles selbst macht und arbeitet wie ein Weltmeister.

Wie wir am Beispiel von Silke sehen, ist Fleiß allein nicht die Garantie für beruflichen Erfolg und das Gefühl von Erfülltheit. Sie müssen entscheiden, für welche Aufgaben der größtmögliche Einsatz notwendig und sinnvoll ist. Und das sollten die Aufgaben und Projekte sein, mit denen Sie Ihre Fähigkeiten und Ihr Wissen unter Beweis stellen und weiterentwickeln können. Fragen Sie sich nicht, *wieviel* habe ich heute erledigt, sondern *was* habe ich heute erledigt?

Wie erhalten Sie einen Blick für das Wesentliche in Ihrer Arbeit? Sie verschaffen sich einen Überblick über Ihren tagtäglichen Arbeitsablauf, indem Sie erst einmal ein

Tagesjournal führen und darin festhalten, was Sie den Tag über machen und wieviel Zeit Sie für die einzelnen Tätigkeiten aufwenden. Das kann ein kleines Heftchen sein, das immer auf Ihrem Schreibtisch liegt und so mitläuft. Diese Tagesjournale führen Sie mindestens eine Woche lang, damit Sie eine Bestandsaufnahme machen können. Was läuft gut, was läuft schlecht, womit verbringe ich die meiste Zeit? Wo treten Störungen auf? Erledige ich die Aufgaben, für die ich zuständig bin? Nach der Bestandsaufnahme können Sie darangehen, neu zu ordnen und sich zu fragen: Was möchte ich verändern, was benötige ich dazu (Mittel und Wege), mit wem muß ich darüber sprechen und entsprechende Vereinbarungen treffen?

Nein sagen ...

Die Superfrau sagt selten Nein. Natürlich kann sie alles mögliche übernehmen und fühlt sich bei jeder Aufgabe, die an sie herangetragen wird, gefordert, gebraucht, naja und eben unersetzlich. Beim näheren Hinschauen entpuppen sich viele dieser Aufgaben dann als „Büromüll", den auch andere hätten erledigen können, statt als „große Chance". Bei Silke sehen wir, wohin ihre „Verfügbarkeit rund um die Uhr" sie führt. Sie kann nicht störungsfrei arbeiten. Aber sie will es allen recht machen und steht geduldig Rede und Antwort, obwohl sie weiß, daß viele Kollegen bequemlichkeitshalber mit Fragen zu ihr kommen, die sie eigentlich mittlerweile selbst beantworten könnten. Konkret handelt es sich hier um den Kollegen S., der in schöner Regelmäßigkeit in ihr Büro stürmt, ihr Akten zur Unterschrift auf den Schreibtisch knallt oder hartnäckig neben ihrem Schreibtisch stehenbleibt und wartet, weil er noch tausend andere Fragen hat, obwohl sie gerade ein Telefongespräch führt. „Er müßte doch merken, ja sehen und hören, daß ich gerade keine Zeit habe", denkt Silke, innerlich grollend, sagt aber nichts. Gleichzeitig steigt der innere Druck, und der Stapel mit Arbeit auf ihrem Schreibtisch wird höher. Silke befürchtet, mit einem Nein zu signalisieren: „Ich kann nicht. Ich schaff' das nicht. Ich bin überfordert. Ich bin nicht gut genug". In den Beratungsgesprächen wird ihr klar, daß diese Bewertung keinen Grund und Boden in der Praxis hat, sondern in ihrer Haltung verwurzelt ist. „Der Kollege wird mich nie mehr etwas fragen. Vor allem wird er mir seine Sympathie entziehen", befürchtet Silke. Inzwischen hat sie aber gelernt, ihre eigene Arbeitskapazität besser einzuschätzen und ihren Arbeitsablauf zeitbewußter zu strukturieren. Sie hat herausgefunden, daß Kollege S. mit seinen zeitraubenden und überfallartigen Besuchen und Anfragen einer ihrer „Zeitfresser" ist. Sie will überprüfen, ob sie die Ansprechpartnerin für alle seine Fragen bleiben muß. Vorrangig aber beabsichtigt Silke, den Zeitrahmen seiner Besuche einzuschränken und selbst zu bestimmen. Sie muß also eine Grenze setzen, wenn sie ihre Arbeit ernst nimmt und ernst genommen werden will. „Nein" kann dann auch heißen: „Zur Zeit nicht, aber zu einem späteren Zeitpunkt".

Wir machen einen Probelauf, und Silke übt mit klarer und bestimmter Stimme das „Nein". Dann folgt die Umsetzung in der Praxis. Silke hat ihren Auftritt im Büro. Der Kollege S. kommt wie üblich hereingeschneit, knallt ihr einen Stapel Akten auf den Schreibtisch und setzt gerade zum Fragen an, als Silke die Hand hebt und ihn freundlich aber bestimmt bittet, die Fragen zurückzustellen bis (...) – sie nennt eine Zeit – und die Akten auf den Beistelltisch zu legen. Der Kollege schaut für eine Sekunde erstaunt hoch, erklärt sich einverstanden und verläßt das Büro.

So einfach das eigentlich ist, so schwer ist das Umdenken. Wie alle Veränderungen bedarf auch diese einer gewissen Gewöhnungszeit für alle Beteiligten. Natasha Josefowitz, die amerikanische Managementberaterin, schreibt in „Wege zur Macht", daß ein neues Verhaltensmuster 17 x praktiziert werden muß, um von anderen angenommen zu werden. Es ist ermutigend zu wissen, daß wir keinen Grund haben, zu verzagen, wenn eine von uns erprobte Verhaltensweise nicht umgehend den erwarteten Erfolg zeigt.

Angst vor Fehlern
Wasch' mich, aber mach' mich nicht naß ...

Ute K., Marketingassistentin im Vertrieb einer größeren Firma, schiebt schon seit zwei Wochen das mit ihrem Chef anstehende Gespräch vor sich her. Vor vier Wochen hat er sie gefragt, ob sie an Stelle von Herrn M. die nächste Präsentation des neuen Produkts übernehmen könne. Ute hat sich Zeit auserbeten. Für sie ist das eine Riesenherausforderung, aber sie hat noch nie eine Präsentation gemacht. Sie hat Zweifel, ob sie gut genug sein wird. Ihr fehlen doch noch so viele wichtige Informationen. Ihr Chef hat ausgerechnet sie gefragt. Sie darf sich keinen Patzer erlauben. Was würden die anderen von ihr denken? Durchgefallen. Das wär's dann gewesen. Andererseits, welche Chance. Endlich hätte sie Gelegenheit, ihre Erfahrungen und ihr Wissen einmal zu zeigen. Sie hat schon viele Präsentationen begleitet, und an den Präsentationen von Herrn M. hatte sie schon immer einiges auszusetzen. Vielleicht sollte sie es einfach riskieren. Ute geht mit klopfendem Herzen zu ihrem Chef, und noch bevor sie zu sprechen ansetzt, sagt dieser zu ihr: „Gut, daß Sie hier sind. Herr B. wird die Präsentation übernehmen". Ute ist sprachlos, murmelt ein „Na, dann ist ja alles klar" und verläßt sein Büro. Auf dem Flur kommen Gefühle von Wut und Enttäuschung hoch. Wut über ihr langes Zögern, die sich mit Siehste-ich-hab's-ja-gewußt-Gefühlen vermischt, Enttäuschung über die Absage. Und schließlich auch Erleichterung, so als hätte sie noch einmal Aufschub bekommen.

Ute hat Angst davor, in einer zukünftigen Situation zu versagen. Sie spielt die vor ihr liegende Situation innerlich durch und malt sich das Ergebnis in den düstersten Farben aus. Die Folgen sind Lähmung und Unfähigkeit, eine Entscheidung zu treffen. Statt die Energie auf ihr Vorhaben zu konzentrieren, läßt sie ihre Gedanken um die Ängste kreisen, die sie daran hindern, zu handeln, Neues auszuprobieren und dazuzulernen.

Ute will als Perfektionistin natürlich die Vollkommenheit. Sie möchte mit ihrer Präsentation glänzen, ja, besser sein als Kollege M. und es ihnen allen endlich einmal beweisen. Ein durchschnittliches Ergebnis wäre für sie bereits eine Niederlage.

Kommt Ihnen das bekannt vor? Sie haben jahrelang nicht trainiert, aber in zwei Wochen wollen Sie topfit sein. Schon länger haben Sie nicht mehr Klavier gespielt. Sie setzen sich ans Klavier und sind enttäuscht, daß Ihnen der Chopin nicht so aus den Fingern perlt. Die Perfektionistin schwankt zwischen den Extremen von völliger Unterschätzung ihrer Kräfte einerseits und maßloser Überschätzung ihrer Leistungen oder des Leistbaren andererseits. Die übermäßig hohen Erwartungen an ihre Leistungen verstellen ihr den Blick für die Realität. Ute, zum Beispiel, steht vor ihrer ersten Präsentation und möchte von Anfang an so gut sein wie ein alter Hase. Und da sie sich das nicht zutraut, weil sie ja „noch nicht vollkommen ist", vermeidet sie unbewußt die Situation und bereitet sich selbst, durch das Aufschieben ihrer Entscheidung, die Absage. Ute möchte schnell am Ziel sein, ohne sich auf den Weg machen zu müssen. Beruflich kommt sie aber nur weiter, wenn sie bereit ist, die einzelnen Schritte zu gehen und über ihre Erfahrungen zu lernen. So könnte Ute sich zum Beispiel sagen: „Das ist meine erste Präsentation. Ich habe keine Erfahrungen mit dieser Form der Darstellung. Es ist natürlich, Angst zu haben und dabei Fehler zu machen. Sogar die Präsentationen des erfahrenen Kollegen M. weisen Schwächen auf. Ich werde mein Bestes geben und meine Erfahrungen machen." Ute hätte die Gelegenheit am Schopfe ergreifen und das Vertrauen, das ihr Chef durch sein Angebot gezeigt hat, erwidern sollen. Ihr Zögern hat möglicherweise mangelndes Engagement und Interesse signalisiert und sie letztendlich aus dem Rennen geworfen.

Immer wieder wird es in Ihrem Berufsleben Situationen geben, wo Sie vor neuen Aufgaben stehen und sich fragen, ob und wie Sie diese bewältigen werden. Sie müssen Ihre Befürchtungen nicht wegdrängen und „die starke Frau markieren", denn Ängste zeigen Ihnen auch, wo es Ihnen noch an „Marschgepäck" fehlt. Aber bleiben Sie nicht bei Ihren Ängsten stehen, sondern holen Sie sich den zusätzlichen Proviant, den Sie für die eine oder andere berufliche „Klettertour" brauchen. Treffen Sie entsprechende Vorbereitungen. In Utes Fall heißt das ganz praktisch, sich Unterstützung zu holen: sich mit erfahrenen Kolleginnen und Kollegen zusammensetzen, um Fragen zu klären, mit dem Chef/der Chefin das Konzept durchsprechen und einen vorherigen Durchlauf vor Freunden proben.

Stellen Sie sich vor, Sie sorgen sich nicht um zukünftiges Versagen, sondern die Panne ist schon passiert. Sie haben schlichtweg Mist gebaut. So wie Dagmar: Sie hat an die für eine Werbekampagne zuständigen Kolleg/Innen wichtige Informationen nicht rechtzeitig weitergegeben. Dadurch lief einiges schief. Die Kampagne lief zu spät an, zusätzliche Kosten entstanden, und es gab viel Ärger für alle Beteiligten. Als Dagmar das Ausmaß ihres Fehlers erkennt, gerät sie in Panik und würde am liebsten im Erdboden versinken. Aber sie tut das einzig Richtige. Sie handelt sofort. Sie setzt sich umgehend mit den Zuständigen der Werbekampagne in Verbindung, erklärt den Sachverhalt, bedauert ihr Versäumnis, berät sich mit ihnen und sorgt dafür, daß die richtigen Informationen nun schnellstmöglich die richtigen Leute erreichen. Anschließend geht sie zu ihrem Chef und unterrichtet ihn von der Panne, kann ihm aber auch gleich versichern, daß sie nun die Sache im Griff hat.

Der Tag danach ist für Dagmar sicher nicht leicht. Was werden Kollegen und Kolleginnen sagen, wie wirkt sich das nun auf die Beziehung zum Chef aus? Sie reagiert sehr sensibel auf die Blicke und Gesten der anderen im Büro. Und hier kann es wirklich zu einem nachhaltigen Problem für Dagmar werden, wenn sie sich zurückzieht oder in übertriebener Weise jede Gelegenheit nutzt, ihren Fehler reuevoll „abzuarbeiten". Vielen Frauen wird dabei eine Grundeinstellung zum Verhängnis, die den Wert ihrer Person unmittelbar mit ihren Leistungen verknüpft, nämlich die Formel: Selbstwert = Fähigkeit und Leistung. Diese Perspektive produziert wiederum folgende Festschreibungen:

1. Was ich leiste, ist ein direktes Abbild meiner Fähigkeiten.
2. Meine Fähigkeiten bestimmen, wieviel ich wert bin.
3. Was ich leiste, ist ein Abbild meines Werts als Mensch.

Kein Wunder also, daß Frauen häufig so schlecht mit Pannen leben können. Ihr Selbstwertgefühl steht und fällt mit ihren Leistungen und kann bereits bei einer einmaligen Fehlleistung auf Null sinken. Nun gibt es sicher auch Pannen und Fehler, um die Sie keinen Wind machen müssen, weil sie nicht von großer Bedeutung sind und problemlos beseitigt werden können oder sich von selbst auflösen. Pannen aber, die unmittelbare Konsequenzen für das Unternehmen oder Ihre Abteilung in bezug auf Finanzen oder Ruf haben, müssen Sie anpacken. Holen Sie sich Rat von erfahrenen und vertrauenswürdigen Kolleginnen und Kollegen, wenn Ihnen die Erfahrung in der Einschätzung fehlt. Grundsätzlich sollten Sie beim Umgang mit Pannen folgende Punkte berücksichtigen:

1. Übernehmen Sie die Verantwortung, sofern der Fehler auf Ihrem Mist gewachsen ist, aber auch nur dann. Machen Sie sich nicht aus Hilfsbereitschaft zum Sündenbock. Das schadet allen Beteiligten.
2. Setzen Sie sich umgehend mit den unmittelbar Beteiligten und Zuständigen in Verbindung.
3. Machen Sie nichts im Alleingang, sofern die Ausmaße der Panne Ihre Kompetenzen überschreiten, sondern beraten Sie sich mit den Zuständigen, auf jeden Fall mit Ihrem Chef oder Ihrer Chefin.
4. Versuchen Sie nicht, den Fehler oder Ihren Anteil daran zu vertuschen. Der entstehende persönliche Verlust an Glaubwürdigkeit kann viel schlimmer sein als das Eingeständnis eines fachlichen Versehens.
5. Bleiben Sie am Ball und zeigen Sie Ihr Engagement für die Bewältigung des Problems, indem Sie zur Verfügung stehen und handeln.
6. Klopfen Sie sich auf die Schulter, wenn Sie die Panne bewältigt haben, und belohnen sich für die harte Arbeit.

Pannen und Fehler gehören genauso zum Arbeitsleben wie die guten Leistungen und Erfolge. Fehler bieten eine wertvolle Gelegenheit zum Lernen und Überprüfen der eigenen Stärken und Schwächen. Ich empfehle Ihnen, eine solche Panne zu analysieren und sich zu fragen: Was ist falsch gelaufen, wo lagen die Gründe, wer war beteiligt, was hätte anders gemacht werden können? Diese Auswertung ist wichtig für zukünftige Situationen und schult Sie in der Bewältigung von Konflikten. Manchmal werden Sie durch Pannen auf grundsätzliche

Probleme gestoßen, die Sie vorher nicht gesehen haben, zum Beispiel auf die Notwendigkeit, etwas in Ihrem Aufgabengebiet anders zu organisieren.

Die Angst vor Fehlern hindert Sie am Tun, am Ausprobieren, am Wachsen. Als Kleinkind sind Sie bei Ihren ersten Gehversuchen immer wieder hingefallen und trotzdem haben Sie sich immer wieder aufgerappelt, um das Laufen zu lernen. Undenkbar, Sie hätten beschlossen, zu resignieren und einfach sitzenzubleiben ...

Geduld und Güte mit sich selbst und Ihrem Entwicklungsprozeß werden Ihnen helfen, Fehler zu risikieren, vielleicht auch einmal eine falsche Entscheidung zu treffen, und die Folgen auszuhalten. Sie können immer nur so gut sein, wie es Ihren momentanen Fähigkeiten, Ihrem Wissen und den äußeren Gegebenheiten entspricht.

Angst vor Erfolg

Kirsten S. ist Bürokauffrau und arbeitet für ein Autohaus. In den letzten Jahren hat sie ihre besonderen Stärken im Verkauf und in der Beratung entdeckt und ist schrittweise in den Verkauf übergewechselt. Die Gespräche und die Kontakte mit den Kunden liegen ihr mehr als die Arbeit am Schreibtisch. Der Job macht ihr Spaß, sie wird zu Fortbildungen und Tagungen geschickt. Im letzten Jahr hatte sie sehr gute Verkaufsumsätze. Sie bringt mittlerweile ein höheres Gehalt mit nach Hause als ihr Mann. Helmut ist Verwaltungsangestellter und fühlt sich beruflich in einer Sackgasse.

Im Freundeskreis ist Kirsten häufig Mittelpunkt der Gespräche. Ihr berufliches Leben scheint soviel interessanter als das der anderen. Sie erntet Anerkennung, aber auch erstauntes Stirnrunzeln wegen ihres beruflichen Engagements. Was denn Helmut davon halte, wenn sie beruflich so viel unterwegs sei?

Und wie sie das mit der Hausarbeit manage, wollen vor allem die Freundinnen wissen, sie sähe ja ein bißchen erschöpft aus. Kirsten erklärt dann im Brustton der Überzeugung, daß das alles kein Problem sei, denn sie sei bestens organisiert, würde ihre Reisen immer allumfassend vorbereiten, naja und schließlich helfe ja auch Helmut hier und da mit. Helmut trägt in der Regel wenig zu solchen Gesprächen bei. Er äußert sich nicht. Zumindest äußert er keinen Unmut über Ihr berufliches Engagement, er scheint es zu akzeptieren. Sein Interesse an ihren beruflichen Erfahrungen und Begegnungen ist allerdings auch schnell erschöpft. Oft beginnt der Streit zwischen Kirsten und Helmut, wenn die Freunde und Freundinnnen gegangen sind. Der gewisse Unterton der Freundinnen liegt Kirsten noch in den Ohren und treibt sie dazu, sich Helmut gegenüber zu rechtfertigen. Gleichzeitig wirft sie ihm mangelnde Unterstützung vor, ein Teufelskreis.

Zunehmend fühlt Kirsten sich unwohl in der Rolle der Erfolgreichen und Gutverdienenden. Wie muß Helmut sich fühlen oder auch leiden, was denken die anderen? Der Streß auf der Arbeit wächst, ja, sie sieht wirklich erschöpft aus. Kirsten zieht sich beruflich immer mehr zurück. Die Erfolgsmeldungen werden seltener. Die Balance scheint wiederhergestellt. Geteiltes Leid ist halbes Leid?

Kirsten kann es nicht ertragen, erfolgreicher zu sein als ihr Partner. Offenbar fürchtet sie um den Verlust ihrer weiblichen Identität. Die Anstrengung, sich über die vermeintlichen Erwartungen der Umwelt hinwegzusetzen und die coole, mit allen Wassern gewaschene Karrierefrau zu spielen, überfordert sie. Kirsten versucht, ihre Situation zu bewältigen, indem sie den Rückzug antritt. Vergessen scheint, welchen Spaß ihr die Arbeit gemacht hat. Kirsten hat sich die Arbeit so eingerichtet, daß ihr der Spaß vergangen ist.

Ein düsteres Bild, finden Sie nicht? Ein glücklicheres Ende wäre uns lieber. Das Beispiel zeigt Ihnen ein Dilemma von vielen, in die berufstätige Frauen von Zeit zu Zeit hineingeraten können, wenn sie den Zipfel des Erfolgs in den Händen halten. In diesem Fall konnte sich Kirsten nicht von ihrem inneren Druck, ihren negativen Bildern und Schuldgefühlen befreien. Sie blieb damit allein und hat sich nicht die notwendige Unterstützung geholt, sondern die Hilfe allein von Helmut erwartet.

Es gibt auch beruflich engagierte Frauen, deren Partner tatsächlich und sehr deutlich die Unterstützung beim beruflichen Weiterkommen verweigern. In anderen Fällen läuft die Verweigerung subtiler, wird nicht ausgesprochen aber gezeigt (Immer dann, wenn sie weg muß, hat auch er einen sehr wichtigen Termin und sie muß den Babysitter organisieren etc.)

Wie auch immer die Unterstützung seitens des Partners aussieht, Sie werden Ihr eigenes Verhältnis zum Erfolg klären müssen, und das bedeutet auch, die eigenen Erfolge anzunehmen und zu schätzen. Sie wie auch Ihr Partner werden sich mit einem neuen Rollenverständnis und -konzept auseinandersetzen und von alten Bildern und Gewohnheiten lösen müssen. Das geht oft nicht ohne Reibungen und Konflikte. Möglicherweise stoßen Sie da auf einige Ungereimtheiten bei sich selbst, die einer inneren Klärung bedürfen, wie z.B. der Wunsch, außerhalb der eigenen vier Wände berufliches Selbstbewußtsein zu erwerben und zu demonstrieren und die Sehnsucht, zu Hause alle Verantwortung ablegen zu dürfen und dem Ruf des Märchenprinzen zu folgen?

Angst vor der eigenen Courage

Stellen Sie sich vor, Ihre Erfolgssträhne hält an, das Projekt läuft sehr gut oder wie Kirsten machen Sie hervorragende Verkaufsabschlüsse mit steigender Tendenz. Sie sind der Star im Laden. Sie erhalten gute Rückmeldungen und viel Anerkennung vom Chef und von den Kunden. Sie haben allen Grund zufrieden zu sein. Stattdessen werden Sie zunehmend unruhiger. Und diesmal ist es kein Ehemann und nicht die Freundinnen und Freunde oder die Kinder, die Sie beeinflussen. Etwas in Ihnen selbst hält plötzlich inne und strauchelt. Der anfängliche Enthusiasmus verfliegt, und das Projekt plätschert so dahin.

Viele erfolgsorientierte Frauen erleben auf der Schwelle zum Erfolg so etwas wie eine Ladehemmung. Der Leistungsdruck wächst und damit die Angst, den guten Standard nicht halten zu können. Erfolg verpflichtet, denken sie und haben schon die 365 Tage vor Augen, an denen sie im Rampenlicht stehen, immer brillieren müssen und sich keine Flaute erlauben dürfen.

Weitere Erfolgshemmer sind 'Selbstgespräche und Sätze wie: „Ich bin ja doch nur (eine Büroangestelle, eine Sekretärin, eine Krankenschwester ...) und werde es immer bleiben" oder „Ich habe ja nur die und die Ausbildung". So, als hätten Sie es schon immer geahnt, daß der Zeitpunkt kommen würde, wo Ihre fehlende Leistungsfähigkeit, Intelligenz etc. „auffliegt". Zum Trost sagen Sie sich, oder glücklicherweise fällt Ihnen „rechtzeitig" ein, daß Sie sich sowieso gar nicht so festlegen wollten. Denn nun sind Sie ja nur noch zuständig für ... In der vorigen Aufgabe waren Sie doch viel freier, während jetzt förmlich „das Leben an Ihnen vorbeirauscht".

Wir finden oft erstaunliche Mittel und Wege, Erfolge zu vermeiden, unsere Energien im Zaum zu halten und somit von unserem Erfolgskurs abzuweichen oder ganz stehenzubleiben. Wenn Sie Ihren Weg, der so positiv begonnen hat, weitergehen wollen, sollten Sie Ihre Einstellung einer Prüfung unterziehen.

Schritt 1
Rufen Sie sich in Erinnerung, was Sie sich in Ihrem Beruf als Ziel gesetzt haben, oder was Sie gerne zu Ihrem Ziel machen würden:

....

Schritt 2
Welche Barrieren blockieren zur Zeit Ihren Weg?
Von Seiten Ihres Unternehmens:

....

Von Ihrer Seite:

....

Schritt 3
Welche Form der Unterstützung benötigen Sie zur erfolgreichen Überwindung der Blockaden?
Im Unternehmen:

....

Fachlich/persönlich:

....

Erfolg in der Arbeit erfordert Präsenz, Ausdauer und die Bereitschaft, aus Fehlern zu lernen. Sie können jedoch nicht 365 Tage im Jahr „top" sein. Das erfordern weder die Aufgaben, noch fordern das die Menschen, mit denen Sie zusammenarbeiten. Im Gegenteil, es ist anstrengend, mit Menschen zu arbeiten, die ständig 10 cm über dem Erdboden schweben. Sie brennen aus, und irgendwann bleiben nicht nur Sie, sondern bleibt auch die Qualität Ihrer Arbeit auf der Strecke.

Ihr Erfolg ist kein Spuk, der morgen, bevor Sie sich

die Augen reiben, schon wieder verschwunden ist. Sie haben ihn sich verdient. Sie müssen zwar weiterhin etwas für ihn tun, aber Sie dürfen auch einmal langsamer treten.

Kirsten hat Angst, daß ihr Erfolg eine Eigendynamik entwickelt und sie ihr Leben nicht mehr „im Griff" hat. Befürchtungen plagen sie, wie „Ich werde zum Arbeitstier, ich verliere meinen Freundeskreis, wer weiß, wie mich der Erfolg verändert und vereinsamen läßt. Ich werde nie mehr die gleiche sein". Besonders der Gedanke, es gäbe kein Zurück, weckt Vorstellungen und Bilder an die Vertreibung aus dem Paradies, die sich bei näherem Hinsehen als die Angst entpuppt, das Altbekannte und Vertraute zu verlassen und zu verlieren. Hier wird Erfolg und Arbeit als etwas gesehen, das uns von unserem Leben trennt und entfremdet.

Berufliches Weiterkommen bringt Veränderungen in Ihrem Leben mit sich. Sie selbst verändern sich, und Ihre Beziehungen zu Ihrem Partner, Ihrer Familie und den Freunden und Freundinnen wandeln sich. Sie werden dabei manchmal mehr und manchmal weniger festen Boden unter den Füßen spüren und auch zuweilen auf Granit beißen. Aber Erfolg ist kein ICE–Zug, der Ihnen davonrast, ohne Sie mitzunehmen.

Sie allein bestimmen, wo Ihre Prioritäten im Leben liegen und welche Schwerpunkte Sie im Beruf setzen. Gewiß bedeutet berufliches Weiterkommen machmal lange Arbeitszeiten und, wie bei Kirsten, abendliche Veranstaltungen und Seminare. Als beruflich engagierte Frau kommen Sie nicht umhin, vieles zu planen und sich bewußt Zeiten freizuschaufeln für die Dinge und Menschen, die Ihnen am Herzen liegen. Aber das können Sie eben auch wirklich tun. Niemand kann Sie zwingen, Dinge und Menschen zu verlieren, die Ihnen wichtig sind. Sie haben

Ihr Leben in der Hand, und Sie brauchen nur das zu verändern, was Sie auch wirklich verändern wollen, in Ihrem Tempo und zu dem für Sie richtigen Zeitpunkt.

Nehmen Sie sich einen Moment Zeit und klären für sich, wo Sie Ihre Prioritäten im beruflichen Weiterkommen setzen wollen, und was Ihr persönlicher „Einsatz" (was Sie verändern, loslassen, verabschieden) ist.

Meine Prioritäten:

....

....

Ich setze dafür ein:

....

....

Ich gewinne dafür:

....

....

Zusammenfassung

Auf dem Weg zum beruflichen Erfolg ist Perfektionismus eine Barriere. Damit Sie die Aufgaben bewältigen, die Sie voranbringen, sollten Sie lernen:
- nein zu sagen,
- Arbeit zu delegieren,
- Prioritäten zu setzen,
- Fehler als wichtige Lernquelle zu begreifen,
- Ihren Erfolg zu genießen.

5.
Von der Vision zur Wirklichkeit

Wie immer Sie den Erfolg in Ihrer Arbeit sehen, Sie müssen ihn messen können. Wenn Sie in einem Unternehmen arbeiten, dann reicht es natürlich nicht, daß Sie wissen, wie gut Sie sind, sondern jetzt sollen Sie andere davon überzeugen. Drei Faktoren garantieren Ihnen berufliches Weiterkommen:

1. Leistung
2. Image: Das Bild, das Sie von sich und Ihrer Arbeit geben
3. Öffentlichkeit: Weiß man von Ihnen? Sie können super gut sein und einen guten Ruf haben, aber wenn die entscheidenden Leute nichts von Ihnen wissen, werden Sie nicht ge(be)fördert.

Wie erfahren also Ihre Vorgesetzten, daß Sie
- gute Arbeit leisten?
- Spaß an Ihrem Job haben?
- bereit sind für neue Aufgaben und Verantwortlichkeiten?
- genau die Richtige für das nächste Projekt sind?
- bereit für mehr Training sind?
- weiterkommen wollen?

Ich glaube, es wird deutlich, daß Telepathie am Arbeitsplatz nicht funktioniert und die „Stecknadel–im Heuhaufen"-Methode wenig erfolgversprechend ist. Sie müssen es andere wissen lassen, wer Sie sind, was Sie können und was Sie vorhaben.

Wer Sie sind

Werbung in eigener Sache ist den meisten Frauen ein Greuel. „Mehr Schein als Sein", findet Hilde, eine Seminarteilnehmerin. Für ihre Kollegin Gerda ist das wie „Flunkern ohne zu blinzeln". Eigenwerbung und Imagepflege bedeuten im wesentlichen den Aufbau eines soliden Informationssystems. Es soll anderen ermöglichen, Ihre Leistungen richtig einzuschätzen, und Ihre Kompetenz professionell vermitteln. Dabei heißt Imagepflege nicht, in ein Kostüm zu schlüpfen, das nicht zu Ihnen paßt, sondern im Gegenteil das Kostüm zu tragen, das Ihr Profil bestätigt und ein Hinweis auf die berufliche Rolle ist, auf die Sie sich vorbereiten. Und da wir erst einmal das glauben, was wir sehen, und intuitiv ein erstes Urteil über eine Person fällen, ohne daß sie etwas gesagt hat, ist der non-verbale Kontakt von großer Bedeutung auch für die Einschätzung Ihrer Professionalität. Sie wollen den Eindruck vermitteln, daß Sie Ihre Aufgaben bewältigen und sich noch viel mehr zutrauen.

Zum Image gehören dann auch: 1. Ihr Aussehen: Kleiden Sie sich so, daß Sie das ausstrahlen, was zu Ihrer Position gehört, z.B. Kreativität, Selbstvertrauen, Verantwortlichkeit. 2. Ihre Stimme: Sprechen Sie kraftvoll und deutlich, 3. Ihre Gestik: Sorgen Sie für eine aufrechte lockere Haltung, guten Blickkontakt, nehmen Sie sich Raum und zeigen Sie Lebendigkeit. Sie selbst haben es in der Hand, welches Bild Sie von sich geben wollen. Treten Sie so auf, wie es Ihrer beruflichen Rolle entspricht.

Wie lernt man Sie kennen? Indem Sie aktives „Networking" betreiben. Networking im Unternehmen ist die lebendige Kontaktpflege, die Sie herumkommen läßt:

- Nehmen Sie teil an betrieblichen Aktivitäten, geselligen und sportlichen Ereignissen.
- Nutzen Sie die informellen Kanäle.
- Planen Sie regelmäßig Zeit ein für Kontaktpflege und Gespräche (Seien Sie auch einmal ein paar Minuten vor einer Besprechung da oder bleiben ein paar Minuten nach Beendigung, um Gelegenheiten für Gespräche wahrzunehmen).

Was Sie können

Was Sie können, erfahren Ihre Vorgesetzten, indem Sie sie zum Beispiel regelmäßig mit Informationen versorgen, Ihnen kurze und präzise formulierte Memos hineinreichen oder auch – je nach Sitte – regelmäßig bei Ihnen persönlich vorbeischauen. Viele Frauen halten eine fast ehrfürchtige Distanz zu ihren Vorgesetzten und kommunizieren nur mit ihnen, wenn es um wichtige Entscheidungen geht. Zum einen ist es notwendig, daß Sie ihn/sie über Ihre Arbeit informieren, und das heißt konkret auch über erfolgreiche Leistungen oder neue Ideen, damit sie/er sich ein Bild von der Qualität und Quantität Ihrer Arbeit machen, Ihre Leistungen beurteilen und würdigen kann. Erinnerungen halten nicht lange vor. Sie müssen die entscheidenden Leute immer wieder wissen lassen, was Sie tun, damit Sie bald eine Chance bekommen, noch mehr zu tun. Nutzen Sie die offiziellen Beurteilungsgespräche und die inoffiziellen Rückmeldungen, um herauszufinden, wie Ihre Arbeit gesehen wird und wo Sie sich verbessern können. Zum anderen brauchen Sie Ihre(n) ChefIn auch als PartnerIn für die gemeinsame Zusammenarbeit und sie/er Sie. Eine erfolgreiche Zusammenarbeit bedingt den regelmäßigen Austausch.

Sie brauchen außerdem Förderer, die motiviert sind, Sie im beruflichen Weiterkommen zu unterstützen. Wie wir schon gesehen haben, ist der Weg zum beruflichen Erfolg kein Ein–Frauen–Track. Die Kunst besteht darin, Ihre(n) Vorgesetzte(n) „mitzunehmen", ohne dabei selbst auf der Strecke zu bleiben. Beziehen Sie Ihre(n) Vorgesetzte(n) in Ihre Strategie mit ein. Sieht sie/er in Ihnen ein Team–Mitglied, dessen Arbeit ihre/seine Position stärkt, wird auch sie/er Sie zu Sitzungen mitnehmen und Ihnen Zugang zu wichtigen Kontakten verschaffen. Mit Hilfe Ihrer Inventurliste können Sie herausfinden, wo die „Marktlücke" in Ihrer Abteilung ist und wo Sie mit Ihrem Engagement ansetzen können.

Trainieren Sie dabei Ihren Risikomuskel, jeden Tag ein bißchen mehr. Die Devise „Geben Sie sich so erfolgreich, wie Sie erst morgen sind" ist für viele Frauen eine Anfechtung. Ich möchte Sie nicht dazu ermutigen, den großen Bluff zu spielen, sondern Sie einladen, sich in den kleinen Grenzüberschreitungen zu üben. Wie bei einer gymnastischen Übung, die Ihre Beweglichkeit trainieren soll, gehen Sie jedes Mal ein kleines bißchen weiter als bisher. Sagen Sie an Ihrem Arbeitsplatz auch einmal: „Ja, das trau' ich mir zu" (auch wenn Sie innerlich meinen, noch lange nicht bereit zu sein), und Sie werden über das Machen lernen und Stück für Stück das Selbstbewußtsein und Wissen gewinnen, die Ihnen noch am Anfang fehlten.

Die eigenen Lorbeeren ernten

Gerda leidet darunter, daß ihr Chef ihre guten Ideen immer als seine ausgibt und in den Besprechungen damit glänzt. Sie bleibt dabei sozusagen das verkannte Genie. Das ist nicht sehr motivierend. Nachdem sie die Erfahrung gemacht hat, daß böse Blicke und schlechte Laune nichts nutzen, hat sie eine neue

Strategie entwickelt. Sie hat 1. mit ihm darüber ein Gespräch geführt, 2. legt sie jetzt besonderen Wert auf die schriftliche Fixierung ihrer Ideen und die entsprechende Verteilung und Mitteilung, 3. macht sie es öffentlich, d.h. in einer Besprechung korrigiert Gerda ihn charmant und sachlich, indem sie z.B. sagt: „ Wie schon Herr M. gerade ausführte, enthält die Projektidee, die ich konzipiert habe ...", oder direkt unterbrechend, wenn Herr M. wieder einmal von „meinem Konzept" spricht, „das von seiner exzellenten Mitarbeiterin entwickelt wurde". Herr M. hat die Botschaft verstanden. Er wußte, daß sein Erfolg abhängig ist von der Unterstützung seiner Mitarbeiterin.

Die wichtigste Regel für Ihr aktives Auftreten im Unternehmen ist: Treten Sie für sich ein, ohne jemand anderen dabei lächerlich zu machen. Geben Sie Ihrem Chef die Gelegenheit, sein Gesicht zu wahren, aber bleiben Sie eindeutig und reden Sie deutlich. Sie haben dann eher die Chance, ihn als Partner zu gewinnen und Ihre Vertrauenswürdigkeit auch bei seinen Vorgesetzten und Ihren KollegInnen zu beweisen.

Das Wort ergreifen

Darüber hinaus bieten Besprechungen eine gute Möglichkeit, Ihr Können zu zeigen und mit Entscheidungsträgern in Kontakt zu bleiben. Sie nehmen nicht an Besprechungen teil? Dann wird es aber Zeit. Überlegen Sie sich gute Gründe, die eine Teilnahme rechtfertigen würden:

* Sie brauchen die Informationen, um die Qualität Ihrer Arbeit zu erhöhen.
* Sie haben Ideen und Erfahrungen, die Sie gerne einbringen möchten.
* Sie möchten lernen, sich in Besprechungen zu bewegen.
* Sie bieten sich als Protokollantin an.

Besprechungen sind ein wundervolles Trainingsfeld. Sie erhalten dort jede Menge Informationen über die Strukturen, Positionen und unterschiedlichen Interessen in Ihrem Unternehmen. Und gleichzeitig lernen Sie hier publikumswirksames Reden. Gehen Sie informiert in Besprechungen und beachten Sie die sogenannte „Mausregel". Finden Sie unbedingt einen Anlaß, gleich in den ersten 10 Minuten zum ersten Mal etwas zu sagen, sonst – so einschlägige Erfahrungen – sagen Sie nie etwas. Auch die nichtigste Bemerkung über Kaffee, das Protokoll oder das zu öffnende Fenster hilft Ihnen, wenn Sie Mühe mit dem Reden haben, einen Einstieg zu finden.

Eine häufige Erfahrung in Besprechungen ist zum Beispiel, daß Frauen weniger und leiser reden als ihre Kollegen und häufiger unterbrochen werden. Schulen Sie Ihre Stimme und reden Sie bei Unterbrechungen mit einem „Lassen Sie mich bitte zu Ende führen" ruhig weiter. Viele Frauen verabscheuen Geschwafel und wollen nur etwas sagen, was „Hand und Fuß" hat. Gut so, aber einmal ist keinmal. Vermutlich kennen Sie diese Situation: Sie haben gerade etwas gesagt, aber es findet keinen Anklang. Herr S. sagt genau das gleiche, und alle sind davon angetan. Magisch. Sie überlegen krampfhaft, wie das Zauberwort heißt, das Ihnen die Ohren der Anwesenden öffnet. Es ist unkomplizierter, als Sie vielleicht denken. Das menschliche Gedächtnis ist so vergänglich. Seien Sie sich nicht zu schade, die Methode „Platte mit dem Sprung" anzuwenden. Wiederholen Sie Ihre Argumentation oder Ihren Beitrag immer wieder in leicht veränderter Form. Lernen Sie, Ihre Stimme zu verstärken, anschaulich und leicht verständlich zu sprechen, und halten Sie guten Blickkontakt.

Ihre Kommunikationsfähigkeit ist mit die wichtigste Kompetenz bei der Entwicklung Ihres Karriereweges. Sie rangiert noch vor Ihrem Fachwissen. Das Internationale

Management Institut in Genf stellte den Geschäftsleitungen der 36 größten, internationalen und weltweit tätigen Unternehmen die Frage: „Welche Persönlichkeitsmerkmale sollten zukünftige Manager(Innen) besitzen?" Die Antworten ergaben folgende Rangliste:

1. Menschenumgang/ Kommunikationsfähigkeit 75%
2. Motivation/Antrieb/ Energie 67%
3. Analytische, konzeptionelle Fähigkeiten 58%
4. Erfüllen von Zielvereinbarungen 47%
5. Visionen/ Kreativität 42%
6. Fachliche Fähigkeiten 36%
7. Durchhaltevermögen 33%
8. Ganzheitliches Denken 17%
9. Flexibilität 14%
10. Orientierung an den Ressourcen 8%
11. Andere motivieren können 6%
12. Bereitschaft, Risiken einzugehen 3%
13. Zeitliche Zuverlässigkeit 3%
14. Verinnerlichung der Firmenkultur 3%

aus: S. Bischoff, Frauen zwischen Macht und Mann

Von anderen lernen

Ihre Kompetenz beweisen Sie auch mit Ihrer Bereitschaft, zu lernen. Informieren Sie sich regelmäßig über das, was in der Firma läuft. Lesen Sie Fachzeitschriften und die Geschäftsberichte und verfolgen Sie die Entwicklung in der Branche. Lernen Sie von den erfahrenen KollegInnen in Ihrem Unternehmen, indem Sie aufmerksam zuhören, beobachten, Fragen stellen. Interviewen Sie Menschen, die in der Position sind, die Sie gerne erreichen möchten, um herauszufinden, was Ihnen dafür noch fehlt. Zeigen Sie Bereitschaft, ihnen auch untergeordnete Aufgaben abzunehmen, die Sie für die Aufgaben trainieren, die Sie einmal übernehmen wollen. Für Ihren eigenen Erfolg ist es wichtig zu verstehen, was andere in

Ihrem Unternehmen erfolgreich macht.

Was Sie können, zeigen Sie auch mit Ihrer Bereitschaft zur Zusammenarbeit und der Entwicklung von Teamgeist. Die Fähigkeit zur Teamarbeit ist für das berufliche Weiterkommen unerläßlich. Die Einzelkämpferin ist unerwünscht, wichtig ist stattdessen das gegenseitige Nutzen von Wissen und Erfahrungen bei klarer Abgrenzung von eigenem und fremdem Aufgabenbereich. Halten Sie mit Ihrer Kompetenz nicht hinterm Berg und vertreten Sie Ihren persönlichen Standpunkt – aber nicht auf Kosten anderer. Fast alles läßt sich verhandeln, wenn die gegenseitigen Interessen einen Platz finden. Versuchen Sie in erster Linie, mit Ihren Kolleg/Innen eine Lösung zu erarbeiten, bevor Sie Ihren Chef einschalten. Und auch hier gilt: Sie gewinnen keinen Blumentopf, wenn Sie sich über Ihre KollegInnen nur beschweren oder abfällig über sie reden. Behalten Sie das Ziel und die Qualität Ihrer Arbeit im Auge. Sie gewinnen, wenn Sie Ihre Kollegin mitgewinnen lassen.

Setzen Sie Schwerpunkte

Beruflich auf einen grünen Zweig kommen Sie, wenn Sie einen Fokus in Ihrer Arbeit haben, d.h. ein Ziel, damit Sie Ihren „Fahrplan" entwerfen können. Wenn Sie wissen, was Ihr berufliches Ziel ist, und woran Sie Ihren Erfolg messen (z.B. die EDV–Spezialistin in Ihrem Unternehmen zu werden oder in den Verkauf überzuwechseln, Assistentin der Geschäftsleitung zu werden), dann sollten Sie herausfinden, welche Aufgaben Sie darauf vorbereiten, Ihre Kompetenz für die Erreichung Ihres Ziels zu schulen und zu stärken.

Fragen Sie sich:
1. Welche Aufgaben bringen mich voran, indem Sie meine Kompetenz beweisen, mir Kontakte eröffnen, mein

Zielinteresse sichtbar machen? 2. Welche Aufgaben halten mich in meiner jetzigen Position fest, weil sie mir Zeit rauben für die wesentlichen Aufgaben, mich in meiner alten Rolle als ... belassen?

1. ....

2. ....

Setzen Sie Prioritäten und entscheiden Sie, welchen Aufgaben Sie vorrangig Zeit und Energie einräumen, und welche Aufgaben auch 50%ig erledigt werden können. Denn nicht alle Aufgaben verdienen die gleiche Aufmerksamkeit. Sie selbst entscheiden über die Wertigkeit. Helfen können Ihnen dabei Ihre Arbeitsjournale und die Aufstellung von Zeitplänen. Unterstützen werden Sie dabei auch Verhaltensweisen, die Sie trainieren können:

• Das Nein-Sagen
• Das Delegieren
• Die relative Entscheidungsfindung (Wenn Sie nicht die beste Lösung finden, nehmen Sie die zweitbeste).

Setzen Sie Ihre Energien in ein angemessenes Verhältnis zum Ergebnis. Betrachten Sie Fehler als Lernquelle und konzentrieren Sie Ihre Energien auf Ihre Vorhaben statt auf Ihre Ängste. Halten Sie sich nicht mit den Pannen von gestern auf, sondern konzentrieren Sie sich auf die Aufgaben, die jetzt und morgen Ihre ganze Aufmerksamkeit brauchen, um zu gelingen. Fokus in der Arbeit erfordert die ständige Überprüfung der Frage: Was ist jetzt am wichtigsten für das Gelingen der Arbeit? Was ist hier zu reduzieren und zu vereinfachen, nach dem Grundsatz „weniger ist mehr"?

Kennen Sie „Frau Unersetzbar"? Sie gibt es in jedem Unternehmen. Sie hält den Laden am Laufen. Sie arbeitet immer noch härter, noch länger als alle anderen. Sie arbeitet ständig die Neuen ein, die dann per Beförderung an ihr vorbeiziehen. Sie hält sich für unersetzlich. Ihre Vorgesetzten sind derselben Meinung. Deshalb bleibt sie auch dort, wo sie sitzt. Wenn Sie Frau Unersetzbar bei sich selbst finden, reichen Sie ihr die Hand zum Abschied.

Was Sie vorhaben

Was Sie vorhaben, erfahren Ihre Vorgesetzten, indem Sie Ihr Vorhaben bekunden. So bieten zum Beispiel die bereits erwähnten Beurteilungsgespräche eine Gelegenheit, Ihre berufliche Perspektive zu diskutieren, Ihren Aufstiegswillen und die Bereitschaft, neue Aufgaben zu übernehmen, zu bekunden, oder Ihre Weiterbildungswünsche anzumelden. Sie müssen jedoch nicht auf die alljährlich stattfindenden Beurteilungsgespräche warten, ergreifen Sie die Initiative und vereinbaren mit Ihrer(m) ChefIn einen Gesprächstermin.

Ihre Weiterbildung

Für Ihr berufliches Weiterkommen ist fortwährende Weiterbildung unerläßlich: die Erweiterung von Fachwissen, Sprachen und die Stärkung Ihrer sozialen Kompetenzen in der Kommunikation, Teamarbeit, Selbstorganisation. Studieren Sie regelmäßig die Stellenanzeigen großer Zeitungen (Das Handelsblatt, die Süddeutsche Zeitung, die Frankfurter Rundschau, die FAZ und andere), um den Bedarf und die gewünschten Anforderungen in Ihrem beruflichen Bereich zu erfahren. Bewerben Sie sich ruhig hin und wieder einmal auf andere Stellen, um Ihren Marktwert zu testen. Auch in Fachzeitschriften und Weiterbildungsmagazinen erhalten Sie einen guten Überblick über Trends und Zukunftsentwicklungen Ihrer Zunft, auf die Sie sich jetzt schon vorbereiten können. Wenn Sie regelmäßig die Tagesnachrichten verfolgen, dann wissen

Sie, daß die weltpolitischen und marktpolitischen Ereignisse (die Vereinigung, die Öffnung der Grenzen in Europa) auch den Qualifizierungsbedarf in den Unternehmen bestimmen, in bezug auf Fachwissen, das europabezogen ist, die größere Bedeutung von Sprachkenntnissen, Auslandserfahrungen etc.. Besuchen Sie Seminare, Fachtagungen, Kongresse.

In welchem Bereich benötigen Sie zusätzliche Weiterbildung?

....

Mit Ihrer Weiterbildungsbereitschaft signalisieren Sie, daß Sie die Verantwortung für Ihr berufliches Weiterkommen selbst in die Hand nehmen.

Viele Frauen betrachten ihre eigene Fortbildung immer noch als Privatsache, die sie aus eigener Tasche bezahlen. Sie opfern ihren Urlaub und ihre Freizeit dafür oder besuchen Veranstaltungen nur nach Feierabend. Sie reden tunlichst nicht darüber und befürchten mit ihrem Interesse an Weiterbildung, ihr Defizit offenzulegen und an Anerkennung zu verlieren, „runter statt rauf" zu fallen.

Im Gegenteil: 1. Weiterbildung, sei es der EDV–Kurs oder das Verhaltenstraining steigert den Wert Ihrer Arbeitskraft (und schlägt sich in späteren Gehaltsverhandlungen nieder), ist also eine lohnenswerte Investition in Sie selbst. Ihre Weiterbildung ist die Voraussetzung für Ihren beruflichen Erfolg. 2. Der Erfolg eines Unternehmens steht und fällt mit den Leistungen der MitarbeiterInnen. Die MitarbeiterInnen und damit auch deren Qualifizierung sind das Kapital jeden Unternehmens. 3. Ihr beruflicher Erfolg ist also auch der Erfolg für Ihr Unternehmen.

Nun gilt es Ihre(n) Chef/in davon zu überzeugen, welchen Gewinn sie/er von Ihrer Weiterbildung hat, damit der Betrieb die Kosten übernimmt. Qualifizierte Weiterbildung hat ihren Preis.

Julia F. ist Designerin und muß immer einmal wieder vor Kunden Präsentationen machen. Vor einer Gruppe sprechen zu müssen, bereitet ihr jedesmal schon Tage im voraus Magenschmerzen, und in der Situation selbst läuft sie fast immer vor Aufregung puterrot an. Fachlich ist Julia sehr kompetent und fungiert unausgesprochen häufig in Vertretung ihres Chefs, wenn er auf Reisen ist. Wir besprechen Weiterbildungsmöglichkeiten für sie, die ihre Kommunikatons- und Präsentationsfähigkeiten stärken. Julia winkt ab. „Das wird mein Chef nie bezahlen. Vor einem Jahr habe ich ihm schon einmal ein Programm der Volkshochschule vorgelegt für ein Rhetorikseminar. Das hat er ganz schnell abgetan".

Julia hatte es bislang nicht wieder versucht und ihr Problem zu ihrer Privatsache erklärt. Ich schlage ihr eine neue Strategie vor:

1. Argumente sammeln: Julia sammelt Gründe für ihren Chef, die ihn vom Gewinn und der Notwendigkeit ihrer Weiterbildung überzeugen. Sie findet einen naheliegenden Grund: Gute Präsentationen sind die Grundlage für den Gewinn von Kunden und repräsentieren sein Unternehmen.

2. Informationen einholen: Sie sucht diesmal nach Seminaranbietern, die wirtschafts- und berufsbezogen arbeiten, und findet über ihren Fachverband interessante Seminare zum Thema Präsentationen, Kommunikation. Sie sucht sich zwei Seminare aus und überlegt sich einen geeigneten Zeitpunkt für ihre Teilnahme.

3. Vorhaben vorstellen: Sie vereinbart ein Gespräch mit dem Chef und legt ihm schriftlich die Informationen incl. Preise vor: „Ich habe Ihnen da ein paar Informationen zusammengestellt zu der Weiterbildung, die ich gerne in diesem Jahr machen möchte", und erklärt ihm, was sie mit der Weiterbildung bezweckt, was sie verbessern will und wo der Gewinn für die gemeinsame Arbeit liegt.

Ein paar Tage später kommt Julia strahlend mit der Nachricht, daß ihr Chef mit ihrer Weiterbildung einverstanden und bereit ist, die Kosten zu übernehmen.

Mit der Auswahl der Seminaranbieter können Sie sich auf– oder abqualifizieren. Die Volkshochschule macht wichtige und interessante Kursangebote, die Sie jederzeit nutzen können, aber wenn Ihr Unternehmen die Kosten übernehmen soll, suchen Sie sich lieber professionelle AnbieterInnen und TrainerInnen, die eindeutig berufsbezogen und zielgruppenorientiert arbeiten. Überlegen Sie sich auch eine Kompromißlösung, wenn Ihr(e) ChefIn mit Ihrem Vorschlag nicht einverstanden ist, z.B. hälftige Beteiligung oder Freizeit gegen Bezahlung. Weiterbildungskosten können Sie ebenso wie Ihr(e) ArbeitgeberIn als Werbekosten steuerlich absetzen. Außerdem steht Ihnen einmal im Jahr bezahlter Bildungsurlaub zu. Sichern Sie sich das Interesse an Ihrer Fortbildung, indem Sie im Anschluß an die Weiterbildung Ihre(n) ChefIn an Ihren Erfahrungen und Erkenntnissen teilhaben lassen.

Die Schulung von bestimmten Kompetenzen erfordert kontinuierliches Training und ist nicht mit einem Seminar abgeschlossen. Kalkulieren Sie pro Jahr 2–3 Fortbildungen und eine Tagung ein. Machen Sie einen Jahresplan, damit Sie rechtzeitig im voraus Zeit dafür einplanen und mit Ihrer(m) ChefIn vereinbaren können. Studieren Sie auch die Anbieter von Fernlehrgängen. Informieren Sie sich auch über innerbetriebliche Fortbildungsmaßnahmen. In vielen kleinen und mittelständischen Unternehmen wird Weiterbildung immer noch stiefmütterlich behandelt und nicht konsequent verfolgt. In den seltensten Fällen wird sie Ihnen vor die Füße gelegt. In der Regel müssen Sie sich selbst darum kümmern. Bleiben Sie in regelmäßigem Kontakt mit der Personalabteilung oder – sofern vorhanden – der Frauenbeauftragten. Über Gespräche mit KollegInnen und die persönliche Kontaktpflege mit anderen Abteilungen erhalten Sie Informationen über geplante Veranstaltungen und Fortbildungen. Nutzen Sie auch die Gelegenheit, eigene Ideen, Vorschläge und Informationen einzubringen. In Ihrem Unternehmen gibt es keine(n) Zuständigen(n) für die Organisation von Weiterbildung? Dann wären vielleicht Sie genau die richtige?!

Gestaltung des idealen Arbeitsplatzes

Um das, was Sie vorhaben, auch durchzusetzen, sollten Sie die Interessen anderer berücksichtigen. Sie wollen jemanden für etwas gewinnen. Wo setzen Sie an? Wie motivieren Sie den oder die anderen, Sie zu unterstützen? Sympathie allein reicht nicht.

Sybille machte sich für einen Betriebskindergarten stark, aus eigenem Interesse als Mutter von zwei Kleinkindern. Sie wußte auch, daß viele ihrer Kolleginnen, einige davon Alleinerziehende, dringenden Bedarf hatten, ihre Kinder tagsüber unterzubringen. Sie sammelte Unterschriften der Interessierten und viele Argumente für den Aufbau eines Betriebskindergartens. Ihre Ansprechpartner aber, die darüber entscheiden würden, waren Männer. Sie suchte sich vor allem die Männer heraus, die in irgendeiner Form eine Verbindung mit Kindern hatten: Väter von Kleinkindern, Großväter, Männer, die berufstätige Töchter mit Kindern hatten etc. Ihre Aktion hatte Erfolg.

Fazit: Setzen Sie an den gemeinsamen Interessen an, finden Sie Argumente für den Gewinn Ihres Vorhabens und suchen Sie Verbündete und PartnerInnen.

Ihre Initiative und Einsatzbereitschaft stehen hoch im Kurs im Beruf und machen Sie bekannt in Ihrem Unternehmen. Halten Sie mit Ihren Ideen und Vorschlägen nicht hinterm Berg, wenn Sie helfen können, in einer Angelegenheit, ein Problem zu lösen und etwas zu verbessern. Und da gibt es jede Menge Gelegenheiten jeden Tag. Aber Sie wissen es ja selbst, im eigenen Arbeitsbereich wird man leicht betriebsblind und dreht sich im Kreise. Ob es sich um die Neustrukturierung im Büro handelt oder um ein effektiveres Informationssystem für den Außendienst, bieten Sie Ihre Unterstützung und Lösungsmöglichkeiten an, auch wenn es sich nicht um Ihren eigenen Arbeitsbereich handelt. Zeigen Sie, was Sie noch können, und man wird Ihnen noch mehr zutrauen. Verlassen Sie die ausgetretenen Pfade Ihrer Zuständigkeit und halten Sie die Augen offen für Aufgaben und Projekte, die Sie übernehmen, weil Ihr(e) ChefIn oder KollegInnen damit überlastet sind, oder auch neu schaffen können.

Lassen Sie sich nicht davon entmutigen, daß es das, was Sie gerne machen wollen, in Ihrem Unternehmen noch nicht gibt. Gibt es gute Gründe (z.B. die Verbesserung der Teamarbeit und des Informationsflusses, die Erweiterung und Gewinnsteigerung), einen neuen Aufgabenbereich einzurichten? Unterbreiten Sie den zuständigen Vorgesetzten Vorschläge. Auf diese Weise, nämlich aufgrund von Bedarf, sind in vielen Unternehmen immer wieder neue Bereiche entstanden, die später neue Berufsbilder geschaffen haben.

Zögern Sie nicht, Fähigkeiten und Talente einzubringen, auch wenn diese nicht unmittelbar Ihrer fachlichen

Ausbildung entspringen. Haben Sie ein sicheres Sprachgefühl, oder können Sie gut formulieren? Haben Sie Ver-
handlungsgeschick oder können gut „verkaufen"? Aber
niemand weiß davon? Folgen Sie der Spur Ihrer Talente
und Neigungen, erbitten Sie Gelegenheiten, diese auszuprobieren, und lassen Sie sich weiterbilden.

Welche Fähigkeiten würde ich gerne in meiner Arbeit/im
Rahmen meines Unternehmens entfalten und weiterbilden? Womit möchte ich beginnen?

....

....

Welchen Aufgabenbereich würde ich gerne aufbauen
oder übernehmen? Mit wem soll ich sprechen, wo Informationen einholen?

....

....

Umstrukturierungen im Unternehmen und Neuentste-
hung von Filialen bieten gute Gelegenheiten für Ihr berufliches Weiterkommen. Gibt es Positionen, die Sie interessieren, andere Abteilungen, für die Sie gerne arbeiten würden? Hat Ihr Unternehmen Filialen im Ausland, in
die Sie sich gerne für eine bestimmte Zeit versetzen lassen würden?

Für welche Position interessiere ich mich? Ist die Kunde
schon in aller Munde?

....

....

Beobachten Sie auch die internen Stellenausschreibungen. Auch wenn Sie nicht alle Anforderungen erfüllen, lohnt es sich, bei der Personalstelle vorzusprechen und nähere Informationen für eine eventuelle Bewerbung einzuholen. Viele Frauen schrecken vor solch einem Schritt zurück, weil sie meinen, die Loyalität ihrem Chef gegenüber zu verletzen. Vergessen Sie nicht, Sie schulden Ihrem Chef nicht die ewige Treue, sondern gute Arbeit. Es ist Ihr gutes Recht, weiterkommen zu wollen, und darüber sollten Sie Ihren Vorgesetzten auch nicht im unklaren lassen.

Positive Bewältigung von Veränderungen

Auf der Suche nach neuen Aufgaben empfehle ich Ihnen die Grenzen Ihrer eigenen Belastbarkeit im Auge zu behalten. Sie wollen ja nicht bei einer 60 Stunden–Woche enden und bei drei verschiedenen Jobs für das gleiche Gehalt. Übergangsweise können Sie sich mit Mehrbelastung arrangieren, wenn Sie das Ziel Ihrer Bemühungen kennen und mit den Zuständigen darüber zeitliche Vereinbarungen treffen.

Neue Aufgabenbereiche und neue Kompetenzen fordern in vielen Fällen Ihre Fähigkeit heraus, mit dem Lernen positiv umzugehen und offen für neue Erfahrungen zu sein. Manchmal müssen sogar alte Rollen verabschiedet werden, in denen Sie vielleicht etliche Jahre fungiert haben. Es wird Situationen geben, in denen Sie sich wieder wie eine Berufsanfängerin fühlen, weil Sie sich in etwas Neues hineinarbeiten müssen. Oder Sie betreten ein neues Unternehmen, und obwohl Sie doch schon einige Berufsjahre hinter sich haben, müssen Sie sich wieder die „Sporen" neu verdienen.

Die erfolgreiche Anpassung an die neue Situation

wird davon abhängen, ob Sie die Veränderung akzeptieren, sich Zeit einräumen für das Lernen, sich erlauben,
Fehler zu machen, und entsprechende Hilfe und Unterstützung erbeten.

Gehaltsgespräche

Frauen verdienen im Bundesdurchschnitt immer noch
27% weniger als ihre Berufskollegen. Dafür gibt es sicher viele Gründe. Frauen arbeiten in Bereichen, die
nicht so gut bezahlt werden, und sie arbeiten in qualifizierten Positionen, in denen sie nach innen gerichtete
Tätigkeiten ausüben und zum Beispiel mit Verwaltungs-
aufgaben weniger Geld verdienen als mit verkäuferischen
Tätigkeiten.

Der entscheidende Aspekt für die Differenz ist jedoch,
daß Geld bei vielen Frauen immer noch ganz unten auf
der Wertskala steht, nach dem Motto „Hauptsache die
Arbeit macht Spaß und das Klima stimmt". Frauen fordern schlichtweg weniger und gehen davon aus, daß ihre
guten Leistungen automatisch zu einer Gehaltserhöhung
führen. Das Gegenteil ist in der Regel der Fall. Wenn Sie
nicht fordern, geht Ihr Chef davon aus, daß Sie zufrieden
sind mit dem, was Sie haben. Ihre Karrieremöglichkeiten
hängen jedoch eng mit Ihrer eigenen Einschätzung Ihrer
Leistungen zusammen. Je höher Sie sich einschätzen,
desto höher wird Ihre Leistung auch bewertet. Wert und
Selbstwert sind die zwei Seiten ein und derselben Medaille. Selbstbewußt mehr Geld bzw. angemessene Bezahlung für Ihre Arbeit können Sie nur dann einfordern,
wenn Sie ein positives Verhältnis zu Ihren Leistungen haben und Erfolge nicht als Zufallsgeschäft, sondern als
Ergebnis Ihrer Bemühungen verstehen.

Im Geschäftsleben erhalten Sie nicht, was Ihnen zusteht, sondern was Sie aushandeln. Sie sollten wissen, daß es auch bei Gehaltsverhandlungen fast immer einen Spielraum gibt, der jedoch meist nur zu einem Drittel ausgeschöpft wird. Wie erreichen Sie Ihr Wunschgehalt? Indem Sie Ihre(n) ChefIn davon überzeugen, daß Sie mit Ihrem Fachwissen, Ihren Leistungen und Ihren persönlichen Stärken ein Gewinn für das Unternehmen sind. Notwendige Voraussetzung dafür ist: Sie müssen selbst davon überzeugt sein. Bevor Sie das Gespräch suchen, sollten Sie ein paar Vorbereitungen treffen: Sammeln Sie Informationen über sich selbst.

1. Selbsteinschätzung: Vergegenwärtigen Sie sich mit Hilfe Ihre Inventurliste und Ihres Erfolgsjournals: Was haben Sie im Laufe des letzten Jahres geleistet? Was ist gut gelaufen? Haben Sie zusätzliche Aufgaben übernommen? Was haben Sie an Weiterbildung gemacht, und was konnten Sie bereits davon umsetzen? Welche positiven Rückmeldungen haben Sie (auch seitens der KundInnen) erhalten?

2. Belege: Sammeln Sie sachliche Argumente für eine Erhöhung, indem Sie konkrete und anschauliche Beispiele für die Qualität Ihrer Arbeit und die von Ihnen bewirkten Verbesserungen anführen. Wenn Sie Ihr Ergebnis auch in Zahlen ausdrücken können, umso besser.
Hier ein paar Beispiele:
- Sie haben sich in ein neues Softwareprogramm eingearbeitet, das nun umfassende Informationen zum Kundenstamm in Kürze zur Verfügung stellt.
- Sie haben den Kundenstamm um 20% erhöht.
- Sie haben ein System ausgeklügelt, das den Informationsfluß zwischen den KollegInnen vereinfacht.

Die folgenden Argumente sollten Sie nicht anführen: persönliche und familiäre Gründe, private Anschaffungen, Gehälter von KollegInnen.

Sammeln Sie Informationen über Ihren Markt. Laut einer Umfrage des Geva–Instituts in München sind Chefs und Chefinnen bereit, folgende Kompetenzen zusätzlich zu honorieren:

Zusätzliche Qualifikation	Persönliche Stärken
Pädagogische Kenntnisse	Einsatzbereitschaft
Trainerinausbildung	
Akademische Zusatzqualifik.	Belastbarkeit
(Doppel–Aufbaustudium)	
Praktika, Lehrgänge	Teamfähigkeit
Berufserfahrung	Soziale Sicherheit
Sprachkenntnisse	Auffasssungsgabe
Auslandserfahrung	Eigeninitiative
EDV–Kenntnisse	Eigenmotivation, Fähigkeit, andere zu motivieren, Leistungsorientiertheit, Flexibilität

in: Marie Claire 4/92

Finden Sie über informelle Quellen heraus, wieviel in Ihrem Unternehmen für vergleichbare Positionen gezahlt wird. Noch wichtiger ist es jedoch einen Gehaltsspiegel über die Gehälter für vergleichbare Positionen Ihrer Branche und Berufsgruppe vorliegen zu haben. Wo können Sie sich informieren?

* im persönlichen Bekanntenkreis
* bei den Arbeitsämtern
* bei den Gewerkschaften
* bei Ihrem Berufsverband
* bei der Tages–und Fachpresse (Die Süddeutsche Zeitung u.a. Medien veröffentlichen jährliche Einkommenstabellen)
* beim Geva Institut in München, das einen Gehaltsspiegel erstellt

Als Berufseinsteigerin verhandeln Sie das Einstiegsgehalt und vereinbaren (schriftlich!) eine Gehaltserhöhung in ca. 1/2 Jahr. Verhandlungsbasis ist in der Regel 10% Ihres jetzigen Gehalts, wenn Sie innerhalb Ihrer Karriere „weiterrücken". Wenn Sie das Unternehmen wechseln - immer eine gute Chance für eine Erhöhung -, dann können Sie durchaus 20% mehr fordern.

Am besten vereinbaren Sie das Gespräch vor Festlegung des Personaletats oder 4–8 Wochen vor der nächsten Tarifrunde. Das Gespräch sollte nicht gerade in der größten Hektik stattfinden und möglichst nicht in einer Phase, wo Sie mit Ihrem Chef im Clinch liegen.

Machen Sie einen Probelauf vor FreundInnen. Visualisieren Sie das Gespräch, indem Sie es wie einen Film vor Ihren Augen ablaufen lassen und sich auf den positiven Ausgang konzentrieren. Wie möchten Sie sich fühlen können, und mit welchem Ergebnis möchten Sie das Gespräch verlassen? Sie sehen sich im Büro Ihres Chefs oder Ihrer Chefin selbstbewußt im Gespräch mit Ihrem Vorgesetzen. Sie reden ganz selbstverständlich über Ihre Leistungen. Sie strahlen Kompetenz aus, Sie sind überzeugend und können Ihre(n) Chef(in) überzeugen. Sie verlassen das Gespräch mit der gewünschten Gehaltserhöhung.

Schaffen Sie sich günstige Ausgangsbedingungen für das Gespräch, indem Sie sich den Vorabend angenehm und erholsam gestalten und ausgeruht zur Arbeit kommen. Nehmen Sie Stichworte mit in das Gespräch. Beginnen Sie nach einer kurzen Aufwärmphase mit der Darstellung eines positiven Ereignisses und kommen Sie relativ schnell zum Punkt. Während des Gesprächs achten Sie auf einen guten Blickkontakt, eine offene Körperhaltung (nicht mit verschränkten Armen sitzend) und eine sichere Stimmführung.

Gehaltsgespräche gehören auch bei Ihren Vorgesetzten nicht gerade zu deren Lieblingsbeschäftigungen. Das heißt, es ist eher die Regel als die Ausnahme, daß man versuchen wird, Sie herunterzuhandeln. Nehmen Sie das nicht persönlich, sondern bereiten Sie sich auf folgende beliebte Gegenargumente vor:

Ihr Flop in der Vergangenheit:
Gehen Sie positiv mit Ihren Pannen um und betonen Sie den Lerneffekt auch für die Firma, denn „daraus haben wir gelernt..."

Lebensstandard: „Wenn Sie immer so exotische Reisen machen müssen..."
Nehmen Sie es mit Humor und diskutieren Sie auf der Sachebene weiter.

Familienstand: „Sie sind doch verheiratet".
Weisen Sie darauf hin, daß es um Ihre Leistungen geht und nicht um den Familienstand.

Wirtschaftssituation des Unternehmens: „Im Moment sind wir in einer besonderen Flaute".
Äußern Sie Verständnis, aber machen Sie klar, daß es im Interesse der Firma liegt, gute Mitarbeiterinnen weiterhin zu motivieren.

Stellen Sie Ihrem Chef/Ihrer Chefin im Anschluß an das Gespräch eine kurze schriftliche Darstellung Ihres Leistungskatalogs (nur stichpunktartig) zur Verfügung, damit er/sie auch für seine/ihre Entscheidung etwas „in der Hand" hat. Auch ein Gehaltsgespräch ist ein Verhandlungsgespräch, d.h. geben Sie Ihrer/m Gesprächspartner/In Zeit für eine Entscheidung. Vielleicht macht sie/er Ihnen einen Vorschlag, den Sie auch noch einmal überdenken wollen. Beschließen Sie das Gespräch mit einer klaren Vereinbarung über den Zeitpunkt für das nächste Gespräch, das die Entscheidung bringt. Lassen Sie sich alle Vereinbarungen schriftlich bestätigen.

Flexible Arbeitsformen

Erika, EDV–Kauffrau hat mit ihrem Chef eine Arbeitsform ausgehandelt, die ihrem familiären und persönlichen Arbeitsrhyth-
mus optimal entgegenkommt: Mittwochs arbeitet sie zuhause
an ihrem Computer. Diese Vereinbarung ist auch ein Gewinn für
die Firma, zum einen kommt sie der räumlichen Enge im Unternehmen entgegen, zum anderen leistet Erika mehr, weil sie ru-
higer und ihrem Tempo entsprechend arbeiten kann. Erika, die
aufgrund der hohen Mieten im Umland wohnt, ist froh, einmal
weniger pendeln zu müssen.

Es gibt bereits einige Unternehmen, wie z.B. IBM
oder Hewlett Packard, die mit sogenannten „Heimarbei-
tern" arbeiten. Die modernen Kommunikationsmittel
(Computer, Telefax) werden in Zukunft noch verstärkt
verschiedene Arbeitsformen hervorbringen. Wichtig dabei ist, daß die Daheimarbeitenden die gleichen Rechte
haben wie die BüroarbeiterInnen und den Arbeitsnehme-
rInnenstatus behalten.

Vielleicht möchten Sie den Mittwochnachmittag zur
freien Verfügung haben und sind bereit, an den anderen
Tagen ein bißchen zuzulegen? Arbeiten Sie lieber ein
paar Stunden weniger oder Teilzeit, weil Vielfalt für Sie
heißt, sich auch noch anderswo engagieren zu können?
Möglicherweise wollen Sie mit Ihren kunsthandwerkli-
chen Produkten experimentieren und neben dem Beruf
freiberuflich arbeiten? Haben Sie schon einmal an Jobs-
haring (Zwei teilen sich dieselbe Stelle) gedacht? Gute
Organisation und enge Zusammenarbeit machen es in
vielen Bereichen möglich. Suchen Sie sich eine Kollegin
oder einen Kollegen mit den gleichen fachlichen Voraus-
setzungen wie Sie, die/der an dieser Arbeitsform interessiert ist. Machen Sie gemeinsam einen Arbeitsplan und
unterbreiten ihn Ihrem Arbeitgeber. Diese Regelung erfordert jedoch sicherlich ein hohes Maß an fachlicher Sou-

veränität auf beiden Seiten und gegenseitige Anerkennung und Toleranz.

Sie wollen Erfahrungen im Ausland sammeln oder Ihren beruflichen Erfahrungshorizont in anderen Bereichen erweitern, ohne Ihrem Unternehmen ganz den Rücken zu kehren. Schließen Sie mit Ihrem Arbeitgeber eine schriftliche Vereinbarung, die Ihnen die Rückkehr zusichert.

Wenn eine Beförderung nicht in Ihrem Sinne ist oder sogar eine Gehaltserhöhung in Ihrem Unternehmen gar nicht möglich ist, dann gibt es auch andere Formen der „Wertsteigerung", die Ihren Wünschen näherkommen. Zum Beispiel können Sie einen Firmenwagen aushandeln oder vielleicht möchten Sie nebenher eine zweijährige Weiterbildung machen oder die Doktorarbeit schreiben, für die Sie mehr Zeit benötigten. Es gibt viele kreative Möglichkeiten der „Be-Förderung", die für Sie ein Gewinn im Sinne von Zeit, Geld oder Bildung sein können.

Wann wird es Zeit, die Stelle zu wechseln?

Wenn Sie schon am Montag das Wochenende herbeisehnen und von Urlaub zu Urlaub leben? In die Entscheidungsfindung gehen viele Aspekte ein, die letztendlich die Frage nach Gewinn und Verlust klären. Wie bei jeder Entscheidung geht es um Ihre eigenen Kriterien und um das Spannungsverhältnis zwischen Ihrem Arbeitgeber und Ihnen in bezug auf:
- die Erwartungen an die Arbeit
- die beruflichen Visionen und Ziele
- die Definition von Erfolg

Hören Sie auf Ihre inneren Warnsignale – besonders der Körper nimmt oft frühzeitig die Unlust und Unzufriedenheit auf – und überprüfen Sie auch die äußeren Zeichen. Die Entscheidung, die Stelle zu wechseln, ist oft eine Anhäufung von inneren und äußeren Symptomen und Konsequenzen, die sich über einen längeren Zeitraum zusammengebraut haben.

Mit Ihrer Arbeit machen Sie die Erfahrung:
- Sie arbeiten ohne Motiv und Freude.
- Morgens schleppen Sie sich regelrecht zur Arbeit.
- Sie haben keine Energie für andere Aktivitäten in Ihrer Freizeit.
- Sie sind häufig krank.
- Sie studieren häufig die Stellenangebote.

In Ihrem Unternehmen machen Sie die Erfahrung:
- Ihnen fehlt die Herausforderung.
- Es gibt für Sie nichts mehr zu lernen.
- Sie erhalten überhaupt keine Anerkennung von Ihren Vorgesetzten.
- Sie werden nicht befördert.
- Zusagen (in bezug auf Gehalt oder Aufgabenbereich) werden nie eingehalten.
- Anfragen auf Weiterbildung werden ignoriert.
- Entscheidungen, die Sie betreffen, werden über Ihren Kopf gefällt.
- Die Spatzen pfeifen es schon von den Dächern, daß Ihre Firma wirtschaftlich „den Bach runter" geht.

Überprüfen Sie vor Ihrer Entscheidung, ob Sie wirklich alle Möglichkeiten der Verbesserung und Neugestaltung ausgeschöpft haben. Haben Sie entsprechende Gespräche mit Ihrem Vorgesetzten geführt, sind Sie in Verhandlungen gegangen, haben Sie ausreichend Fragen und Forderungen gestellt?

Treffen Sie nie aus Enttäuschung oder Wut heraus eine Entscheidung, sondern überschlafen sie es noch einmal und bereinigen Sie Konflikte, soweit es Ihnen möglich ist, bevor Sie die Kündigung aussprechen. Am besten ist es, Sie verlassen Ihre Stelle „auf der Höhe des Erfolgs" und nicht im Clinch mit Ihren Vorgesetzten, denn das ist auch psychisch immer eine schlechte Ausgangsposition für neue Verhandlungen beim Stellenwechsel. Außerdem haben wir inzwischen über die weitreichenden Verbindungen und Netzwerke erfahren. Wer weiß, auf welchem Wege und in welchem Zusammenhang Sie Ihren ExchefInnen und den ExkollegInnen wieder begegnen?

Verschaffen Sie sich einen positiven Abgang, indem Sie bis zum letzten Arbeitstag engagiert und verantwortlich (auch was die Übergabe angeht) arbeiten, so daß Sie in guter Erinnerung bleiben und für sich ein Kapitel Ihrer beruflichen Station rund abschließen können.

Der Abschied von einer Stelle ist oft wie die Trennung von einer Partnerschaft. Je nach Dauer der Zugehörigkeit muß er emotional „verdaut werden". Bevor Sie ein neues „Arbeits–Verhältnis" eingehen, ziehen Sie abschließend Bilanz über die Erfolge und Mißerfolge in dieser Zeit und darüber, was Sie – um Wiederholungsfehlern vorzubeugen – an Erfahrungen und Wissen in die nächste Stelle miteinbringen. Die Auswertung Ihrer Erfahrungen hilft Ihnen, die für Sie passende Stelle zu finden, weil Sie Ihre Erwartungen formulieren können und wissen, worauf Sie besonderen Wert legen und was Sie kritisch überprüfen müssen. Für Fragen der Bewerbungsvorbereitung verweise ich Sie auf das Buch „ So bewerbe ich mich erfolgreich als Frau" von Sabine Kozijn, das ebenfalls im PAL Verlag erschienen ist.

Ein Jobwechsel kann in vielen Fällen den „Karrierekick" geben und Ihre Chancen vergrößern, beruflich und auch gehaltlich weiterzukommen. Laut einer Exklusivstudie „Markt für Führungskräfte 1990/91" von Management Wissen und der Zentralstelle für Arbeitsvermittlung sind die Karrierechancen für Frauen in mittelständischen Betrieben am größten. In Unternehmen mit zwischen 500 und 5000 MitarbeiterInnen haben Frauen einen Anteil von 5,6% aller Führungspositionen erobert. In kleineren und mittelgroßen Unternehmen wird jede 14. Managementposition (7,2%) von einer Frau besetzt.

Ein Jobwechsel kann Sie zwar beruflich weiterbringen, aber nicht, wenn Sie Ihre Jobs wechseln wie Ihre Kleider. Wenn Sie ein Unternehmen neu betreten, dann dauert es oft ca. ein Jahr, bis Sie sich so richtig zu Hause fühlen und ein weiteres Jahr, bis Ihre Bemühungen zu Buche schlagen und Sie sich Ihren Platz erobert haben. Es gibt also immer eine gewisse Anpassungszeit, die Überwindung der ersten Klippen, denen eine allmähliche Einpassung und Stabilisierung folgt. Als Berufseinsteigerin sollten Sie sich in der Regel mindestens drei Jahre geben, bevor Sie das Unternehmen wechseln, und später nicht weniger als zwei Jahre.

Zusammenfassung

Berufliche Visionen erfolgreich umsetzen heißt:
- Selbstbewußt über eigene Erfolge sprechen
- Kommunizieren, kommunizieren, kommunizieren
- Aufstiegswillen bekunden
- Energien konzentrieren auf die Vorhaben, die Sie voranbringen
- Lernen wollen
- Initiative und Gelegenheiten beim Schopfe ergreifen

Sie müssen nicht von der Arbeit kaputt nach Hause kommen

Wir haben uns nun die Möglichkeiten angeschaut, wie Sie sich beruflich ins rechte Licht rücken können, wirklich strahlen werden Sie nur dann, wenn Sie genügend Lichtquellen auch in Ihrem persönlichen Leben schaffen.

Hanne S., 35 J, Datenverarbeitungskauffrau, beginnt ihren Tag so:

Sie steht 20 Minuten vor ihrer Familie auf, damit sie den Tag besinnlich beginnen kann, bevor der ganze Rummel losgeht. Dazu geht sie ins Wohnzimmer, legt ihre Lieblingskassette ein und sammelt ihre Gedanken für den Tag. Sie fährt neuerdings mit dem Bus zur Arbeit, weil sie den morgendlichen Stau nervig findet. Jetzt hat sie wenigstens Zeit, die Zeitung zu lesen. An ihrer Arbeitsstelle ist sie ein paar Minuten früher und hat somit noch Zeit, sich in Ruhe „einzurichten". Der Vormittag ist schnell vorbei. Die Mittagspause hat sich Hanne extra auf eine Stunde erweitert, weil sie die Erfahrung gemacht hat, daß eine halbe Stunde nicht reicht, um aufzutanken. Außerdem hat sie das mittägliche Einkaufen abgeschafft. Den Großeinkauf macht sie donnerstags oder samstags zusammen mit einer Freundin oder ihrem Mann. In der Mittagspause geht sie zu dem nahgelegenen Saftladen, der auch Salate hat, und die übrige Zeit geht sie spazieren oder schmökert auch einmal im nächstgelegenen Buchladen herum. Am frühen Nachmittag arbeitet sie mit ihrem Energieabfall so, daß sie Routineaufgaben macht, die keiner großen Konzentration bedürfen. Überhaupt macht Hanne immer wieder kleine Pausen, wenn sie zu lange am Bildschirm oder an anderen Aufgaben gesessen hat: Mal eben zum Fenster hinausschauen oder die bunte Sanduhr auf ihrem Schreibtisch zum Laufen bringen. An vier Tagen in der Woche arbeitet sie ein bißchen länger, weil sie sich in Vereinbarung mit ihrer Chefin den Mittwochnachmittag freigeschaufelt hat. Den Mittwoch lebt sie absolut nach der Devise: Erst der Spaß und dann die Arbeit. Hanne hat sich einen Kindheitstraum erfüllt und mit dem Geigenspielen angefangen. Mittwochnachmittags hat sie Geigenunterricht und geht meistens anschließend in die Sauna. Neben ihrem Beruf singt Hanne mit Mann und 10jähriger Tochter im Chor.

„Schön und gut", höre ich Sie schon sagen, „im nächsten Leben wird alles anders, aber wie bringt mich das beruflich weiter?" Indem Sie sich Ihr Berufs-Leben so leicht und lustvoll wie möglich gestalten.

Ich brauche Ihnen nicht von den zahllosen Versuchen zu erzählen, die Doppelbelastung Beruf und Familie unter einen Hut zu bringen. Sie erleben es selbst vielleicht jeden Tag, ob mit oder ohne Kinder. Ich brauche Ihnen nicht von dem immerwährenden Streß der Superfrau erzählen, in Beruf wie als Partnerin und Mutter „perfekt" sein zu wollen. Und wie sie mit drei Einkaufstüten im Laufschritt dem heranfahrenden Bus entgegenhetzt. An dieser Stelle möchte ich Sie nicht mit Tips langweilen, wie Sie noch besser und noch zeitsparender noch mehr schaffen, sondern Sie dazu einladen, Wege für sich zu entdecken, wie Sie Ihr Berufs-Leben so gestalten können, daß Sie sich rundum wohl fühlen und aus Ihrem Energiepotential schöpfen können, das Ihnen Erfolg bringt:

1. Gewinnen Sie Distanz zu Ihrer Arbeit

Die Unternehmensberaterin Diane Fassel schreibt in ihrem Buch „Wir arbeiten uns noch zu Tode" über die Arbeitssucht als die einzige gesellschaftlich akzeptierte Sucht, auf die wir immer noch stolz sind. In den meisten Unternehmen wird die Bereitschaft gefördert, sich vollends zu verausgaben, die eigenen Grenzen ständig zu überschreiten und so verhaftet mit der Arbeit zu sein, daß andere Lebensgenüsse keinen Platz mehr haben. Das macht Sie nicht erfolgreich, und auch ein Unternehmen kann sich keine ausgebrannten und arbeitssüchtigen Mitarbeiter/Innen leisten, weil sich ab einem bestimten Punkt die Produktivität der Arbeit ins Gegenteil verkehrt.

Sicher kennen Sie ähnliche Situationen, wo bei Überforderung die Vergeßlichkeit einsetzt und das Arbeiten mühsamer wird, weil die Energie nicht zur Verfügung steht, und Sie letztendlich dreimal so lang für eine Aufgabe brauchen wie im ausgeruhten Zustand. Aber statt einen Punkt zu setzen, machen Sie gegen Ihr besseres Wissen weiter und erledigen noch mal eben das oder jenes – und schwupps – wieder eine Überstunde oder schwupps – wieder ist der Samstag vertan mit Unwesentlichkeiten. Diese Form der zwanghaften Aktivität macht vor der Familienarbeit nicht halt. Diane Fassel nennt es das „unaufhörliche Sorgen um Dinge und Menschen, in ständigem Denken und Planen". Das bereits beschriebene Problem der Unersetzbarkeit von Frauen ist Dünger für den Tätigkeitsdrang.

Was können Sie tun, um sich von Ihrer Arbeit nicht auffressen zu lassen? Trennen Sie die Arbeit von Ihren Familienangelegenheiten, besonders da, wo es um Probleme geht. Konzentrieren Sie sich bei der Arbeit auf Ihre Aufgaben und denken Sie nicht an das bevorstehende Familiengespräch oder den Besuch der Schwiegermutter. Und umgekehrt, nehmen Sie Ihre Arbeit nicht mit nach Hause. Leichter gesagt als getan? Schaffen Sie sich ein Gegengewicht zur Arbeit, das Ihnen hilft, von der Arbeit Abstand zu gewinnen. Hanne hat zum Beispiel das Geigespielen und den Chor. Das sind Aktivitäten, die ihr Spaß machen. Alles, was Spaß macht, ist zugleich auch Erholung. Und Erholung brauchen Sie für Geist, Seele und Körper, um den Herausforderungen im Beruf erfolgreich begegnen zu können. Holen Sie sich die kleinen „Urlaubsinseln" in den Alltag und verbringen das Wochenende einmal woanders – wenn Sie Kinder haben, treffen Sie Arrangements mit Freund/Innen oder Großeltern – oder räkeln Sie sich an Ihrem freien Tag in der Sauna. Ein Gegengewicht schaffen kann auch heißen, die vernachlässigten Funktionen zu mobilisieren, die im Beruf nicht abgerufen werden: die körperliche Bewegung oder die geistigen Spaziergänge. Wenn Sie viel am Schreibtisch sitzen und überwiegend Kopfarbeit leisten, dann ist es vielleicht der Sambakurs, der Sie in Schwung bringt, dagegen Literatur und das Theater, wenn Sie den ganzen Tag Patienten massieren, oder die Tischlerarbeiten, wenn Sie bei einer Bank arbeiten. Indem Sie sich Aktivitäten suchen, in die Sie gänzlich eintauchen und auch einmal Zeit und Raum vergessen können, erleben Sie eine innere Freiheit und ein Gefühl von Selbstachtung, das Sie mit einem neuen Selbstbewußtsein auch in Ihrer beruflichen Arbeit auftreten läßt. Weil Sie nicht mehr abhängig sind von der Liebe, der Anerkennung und dem Glücksgefühl, die Sie ausschließlich in Ihrem Beruf erleben. Und gerade dann werden Sie sie wahrscheinlich erhalten. Mit „hungriger Seele" zu arbeiten macht erpreßbar. Die Distanz zu Ihrem Beruf kann Ihnen helfen, wirkliche Nähe zu Ihrer Arbeit zu gewinnen.

Nun sind Sie an der Reihe. Wie sieht Ihre Gleichung: Beruf/Privatleben aus?

Was tue ich, um Beruf und persönliche Interessen ins Gleichgewicht zu bringen?

....

Jetzt ist die Gelegenheit, etwas zu beginnen, was ich schon immer einmal machen wollte:

....

2. Spielen Sie mit Ihren Kräften

„Balancing" heißt das neue Zauberwort, das Sabine Asgodom in ihrem Buch als eine Methode vorstellt, das eigene Gleichgewicht zu finden und „sich selbst zuzugestehen, ein ganzheitliches Leben zu führen, eines, das aus vielen Facetten besteht".

Die Kunst besteht in der Auswahl. Es gibt ja so viele interessante Dinge, die wir machen könnten. Haben Sie auch manchmal das Gefühl, „99 Leben" zu leben? Die Marketingforscherin Faith Popcorn beschreibt in ihrem Popcorn Report das Dilemma unserer 99 Ansprüche und Rollen, die wir alle verwirklichen wollen: Jung bleiben, fit werden, Selbstverwirklichung erreichen, Selbstzweifel besiegen, den Planeten und sich selbst retten, liebende Mütter und Partnerinnen ... Kennen Sie den Satz – ich habe ihn jahrelang selbst gesagt - „Ich müßte unbedingt etwas für meinen Körper tun", und ich habe Tai Chi versucht und Jogging und Fitneß und Jazzgymnastik. Es war mehr Anstrengung als Spaß, und nichts davon währte sehr lange. Ich nahm es als ein Zeichen dafür, daß ich nicht das Richtige gefunden hatte. Irgendwann dann bin ich schließlich der Bewegungsform begegnet, die mir leichtfiel und Spaß machte: dem Tanzen.

Quälen Sie sich nicht mit überirdischen Ansprüchen, sondern suchen Sie sich den Weg des geringsten (eigenen) Widerstands. Das Gleichgewicht finden kann nicht darin bestehen, daß Sie sich die Zeit nach Feierabend mit Terminen und Disziplin, die Sie eher unter einen neuen Druck setzen, vollpfropfen, statt sich zu befreien. Erlauben Sie sich das freie Spiel und die Einfachheit in der Wahl.

Beobachten Sie einmal, welche Energien Kinder zur Verfügung haben. Unerschöpflich, so scheint es. Das stimmt nicht ganz, denn Kinder finden sehr wohl ihre natürlichen Grenzen, aber es gelingt ihnen, ihre Energien in einem ständigen Fluß zu halten. Was ist ihr Geheimnis? In ihrem Buch über Energien macht Ann McGee–Cooper Beobachtungen, die ich für Sie zusammenfasse:

Kleine Kinder:

1. machen nur Sachen, die ihnen Spaß machen, oder sie erfinden Wege dabei, die Spaß bringen.
2. sind neugierig und experimentierfreudig.
3. lachen eine Menge.
4. sind immer in Bewegung.
5. machen eine Pause, wenn es der Körper so will.
6. träumen, phantasieren und sind kreativ.
7. beenden etwas, wenn es langweilig wird.
8. lernen mit Begeisterung und Leidenschaft.
9. drücken ihre Gefühle frei aus.
10. machen sich in der Regel keine Sorgen und haben keine Schuldgefühle.

Denken Sie an eine Situation, in der Sie einer bestimmten Aufgabe oder Aktivität nachgegangen sind und kein bißchen erschöpft herauskamen, sondern im Gegenteil mit neuen Energien aufgeladen:

Welche der zehn Verhaltensweisen haben Sie dabei genutzt?

....

Ich bin der Meinung, daß das freie Spiel der Energien kein Monopol unserer Kinder ist. Im Erwachsenwerden haben wir gelernt, mit „Reiß dich zusammen" und „sei nicht albern", unsere Gefühle und Bedürfnisse im Zaum zu halten und zu kontrollieren. Sie wissen, wieviel Energie das manchmal kostet. Was also können Sie tun, um nicht so schnell „leerzulaufen"?

a.) Entdecken Sie Ihre Energiekiller und Energiespender. D.h., welche Aktivitäten und Aufgaben laugen Sie aus, und welche tanken Sie auf? Ist es vielleicht schon der morgendliche Stau wie bei Hanne, und Sie könnten lieber den Bus nehmen? Hassen Sie langes Warten beim Einkaufen, und gibt es einen Weg, zu den ruhigeren Zeiten einzukaufen ? Erledigen Sie schwierige Aufgaben gerade in Ihrem Leistungstief statt in Ihrem Leistungshoch? Beginnen Sie zu experimentieren. Verlassen Sie auch immer einmal eingefahrene Wege und verändern die Routine, erledigen die Aufgaben in einer anderen Reihenfolge, machen die Pause zu einem anderen Zeitpunkt. Machen Sie immer wieder etwas „Ungewohntes", das schärft den Blick für neue Perspektiven.

b.) Arbeiten Sie mit Ihrem individuellen biologischen Rhythmus. So gibt es zum Beispiel die „Lerchen" und die „Nachteulen", Morgen- und Abendmenschen, deren Rhythmen sehr unterschiedlich sind. Wenn Sie früh morgens schon pfeifend am Frühstückstisch sitzen, gehören Sie vielleicht zu den Morgenmenschen, und wenn Sie erst ab 10 Uhr auf Touren kommen, zu den Nachtmenschen. Nun bleiben diese Unterschiede am Arbeitsplatz ziemlich unberücksichtigt, aber Sie können kleine Veränderungen vornehmen, die Ihrem Energiepotential Rechnung tragen, denn dann arbeiten Sie leichter, effektiver und erfolgreicher. Die Zeitplanerinnen Diane Hunt und Pam Hait („Tao der Zeit") empfehlen Nachteulen-Menschen, wichtige Gespräche nicht frühmorgens zu legen, und Lerchen-Menschen raten Sie, kritische Termine in die Morgen- und Nachmittagsstunden zu packen, aber den Abend auf jeden Fall für Entspannung freizuhalten. Darüber haben die Autorinnen Erkenntnisse über grundlegende Verhaltensweisen gesammelt:

• Im allgemeinen erreichen wir ein Leistungshoch gegen Mittag, danach folgt ein Energieabfall von ca. 2 Stunden. Ab 16 Uhr steigt die Aufmerksamkeit wieder.

• Das Kurzzeitgedächtnis ist morgens am besten, das Langzeitgedächtnis nachmittags.

- Der späte Vormittag eignet sich am besten für „Denk"-Aufgaben. „Geistlose" Arbeiten (Routineaufgaben, unkomplizierte Aufgaben) verlegen Sie in die Mitte des Nachmittags.

- Die Koordination zwischen Hand und Auge ist nachmittags am besten, also ideal für Maschineschreiben, Tischlerarbeiten, Üben eines Instruments.

- 4 Stunden nach dem Aufwachen sind wir am glücklichsten, also in gehobener Stimmung.

- Am späten Nachmittag und frühen Abend sind wir körperlich am leistungsfähigsten, weil wir zu der Zeit am besten koordiniert sind. Körperliche Anstrengungen sind weniger ermüdend.

Viele Körperfunktionen laufen außerdem nach einem Zyklus von neunzig Minuten ab. Das ist der Zeitpunkt für eine kleine Pause bei Seminaren und auch im Arbeitsalltag, weil die Konzentration nachläßt. Hier sind einige Anregungen, wie Sie kurzfristig auftanken können:

- Schließen Sie Ihre Augen und besuchen Sie Ihren Lieblingsort (Visualisierung im Kapitel 2).
- Schauen Sie aus dem Fenster den vorbeiziehenden Wolken nach.
- Lösen sie Kreuzworträtsel.
- Machen Sie einen kleinen Rundgang.
- Blättern Sie in einem Reiseprospekt.
- Lesen Sie ein Gedicht.
- Nehmen Sie sich etwas Schönes für den Abend vor.
- Legen Sie Ihre Handflächen über Ihre Augen und entspannen Sie.
- Spielen Sie Jo–Jo.
- Hören Sie ein Stück von Ihrer Lieblingskassette.

c.) Holen Sie sich den Spaß ins Büro. Kleine Kinder haben soviel Energie, weil sie den ganzen Tag spielen. Es gibt eine Verbindung zwischen Spiel und Wohlbefinden. Zum Beispiel veranlaßt fröhliches Lachen das Gehirn, Endorphine zu produzieren, die Streß lösen und das Immunsystem aktivieren. Und dieser Vorgang bewirkt wiederum ein Auffrischen von Energien. Denken Sie an fröhliche Abende mit Freund/Innen, an denen viel gelacht wurde. Wissen Sie noch, wie entspannt Sie sich gefühlt haben? Lachen befreit, heißt es. Lachen entspannt auch. Bringen Sie das spielerische Geplänkel ins Büro und „flirten" Sie ordentlich mit Ihren Kolleg/Innen. Und hier meine ich weniger die sexuelle Komponente von Flirten, sondern einfach eine Art Erotik im Alltag, die darin besteht, sich gegenseitig liebenswürdig und charmant zu begegnen, sich gegenseitig auf die Schippe zu nehmen oder sich über die Komik in der Situation gemeinsam zu amüsieren. Schenken Sie der Kollegin oder dem Kollegen einmal Blumen oder sprechen ein Kompliment aus. Die gute Stimmung und Energie, die Sie in anderen bewirken, lädt am Ende Sie selbst wieder auf. Lachen verbindet und schafft Brücken. Anschließend können Sie wieder umso besser (auch miteinander) arbeiten.

Entspannung erleben wir vor allem auch über die Sinne. Schauen Sie sich in Ihrem Büro um. Was können Sie hier verändern, so daß auch Ihre Sinne angesprochen werden? Stellen Sie sich Pflanzen oder Blumen ins Büro, die Ihrer Seele guttun. Umgeben Sie sich mit Ihren Lieblingsfarben und Bildern. Schmücken Sie Ihren Schreibtisch mit „Spielzeug", (einem Jo–Jo oder Kaleidoskop etc), das dem Kind in Ihnen für die kleinen Pausen etwas zum Spielen gibt. Der fließende Wechsel von Arbeit und Spiel (Konzentration und Leerlauf) ist eine notwendige Voraussetzung für andauernde gute Leistungen, neue Ideen und kreative Wege der Problemlösung. Genau das setzt Sie auch beruflich in Bewegung.

Wie können Sie Spiel und Spaß an Ihren Arbeitsplatz bringen?

....

....

3. Schaffen Sie günstige Bedingungen

Beantworten Sie bitte die folgenden Fragen und addieren den Zeitverbrauch:

	Minuten
Wieviel Zeit verbringe ich zwischen Aufwachen und dem Verlassen des Hauses?	....
Wie lange brauche ich zur Arbeit?	....
Wie lange habe ich in der Regel Mittagspause?	....
Wie lange brauche ich von der Arbeit nach Hause?	....
Insgesamt:	....

Diese Zeiten, die Sie insgesamt für die Organisation Ihrer Arbeitskraft aufwenden, bieten Gelegenheiten, das Nützliche mit dem Angenehmen zu verbinden, d.h. verbrauchende Energie mit Spaß in Energiespender umzuwandeln.

Was ist Ihr erster Gedanke, wenn Sie morgens aufwachen? „Wie steh' ich den Tag durch" oder „Ich freu' mich aufs Büro"? Hetzen Sie in letzter Minute vielleicht noch ohne Frühstück aus dem Haus, oder beginnen Sie den Tag in Ruhe? Wie beenden Sie den Tag? Schlafen Sie vor dem laufenden Fernseher ein, oder nehmen Sie sich noch Zeit für eine gemütliche Gutenachtgeschichte?

Wie beginnen Sie einen neuen Tag? Brauchen Sie wie

Hanne die Besinnung – oder als „Nachteule" vielleicht die Teekanne ans Bett – um mit guter Anlaufzeit in den Tag hineinzuwachsen, oder ist es die fetzige Musik, die Sie in den Tag schwingen läßt?

Beginnen Sie den Tag nach dem Aufwachen mit einer kurzen Visualisierung: Lassen Sie den Tag wie einen Film abspielen von Anfang bis Ende und malen Sie ihn sich in den besten Farben aus. Was soll Ihnen der neue Tag bringen und erfüllen? Welche Erfahrungen wollen Sie machen, und mit welchen Gefühlen wollen Sie den Arbeitstag erleben? Stellen Sie sich vor, daß es so wird, wie Sie es sich wünschen.

Die Fahrt zur Arbeit. Geben Sie sich ein bißchen Spielraum für eventuelle Verkehrsstaus, damit Sie nicht in Streß kommen. Auch wenn Sie nicht den Bus nehmen, sondern die rush–hour im Auto durchfahren, haben Sie die Möglichkeit: sich entweder die gute Laune verderben zu lassen (lassen Sie das zu?), oder das Beste aus der Situation zu machen. Also zum Beispiel: Ihre Lieblingsmusik zu hören oder in die neue Sprachkassette hineinzuhören etc. Der Verkehrsstau ist ein gutes Training für die Überzeugung: „Wenn ich nicht die Umstände ändern kann, so aber meine Einstellung zu den Umständen."

In einem meiner Seminare erkannte eine Teilnehmerin für sich den qualitativen Unterschied in der Einstellung zu der verbleibenden Zeit nach Feierabend, ob sie nach Hause kommt und schlechtgelaunt feststellt: „Jetzt bleiben mir nur noch 3 1/2 Stunden zur freien Verfügung" – und keine Energie hat, diese Zeit auch zu nutzen – oder ob sie erfreut feststellt: „Hurra, ich habe sogar noch 3 1/2 Stunden zur freien Verfügung", und sie wie ein Geschenk auch annimmt und nutzt.

Günstige Bedingungen schaffen kann aber auch heißen: Wie kann ich meinen Arbeitsweg verkürzen, um mehr Zeit zu gewinnen? Manche Frauen haben einen sehr langen Arbeitsweg. Welche Veränderungen kommen in Betracht: Wohnungswechsel, Übergangsregeln wie Anmieten eines Zimmers etc.? Der Ausgangspunkt ist immer die Frage, inwieweit rauben Ihnen Ihre gegenwärtigen Bedingungen Energien und was können Sie verbessern?

Wie verbringen Sie Ihre Mittagspause? Die meisten Frauen verbringen ihre Pause im Laufschritt durch die Supermärkte. Mal eben noch was einkaufen, das Brötchen im Gehen oder noch beim Arbeiten. Vielleicht noch die Mittagspause verkürzen, um früher Feierabend machen zu können. Wundern Sie sich, daß Sie abends kaputt sind? Schaffen Sie die Mittagseinkäufe ab und gönnen Sie sich Zeit, um mit leichter Kost wieder aufzutanken. Gute Verdauung verträgt sich jedoch nicht mit negativen Gedanken oder mit Gesprächen über Konflikte am Arbeitsplatz. Das Gehirn produziert chemische Verbindungen, die einer reibungslosen Verdauung entgegenwirken. Wir brauchen eine Mittagspause, um den schon beschriebenen Energieaustausch zu machen. Andernfalls multiplizieren sich die Anstrengungen und Anspannungen und Sie haben dann am Ende des Tages keine Chance mehr, das alles abzutragen und zu neutralisieren. Und am nächsten Tag geht es so weiter ... – das Wochenende wird herbeigesehnt, aber mittlerweile ist in der Woche soviel Streß angehäuft worden, daß auch das Wochenende zur Entspannung nicht reicht. Wenn Sie den ganzen Tag sitzend verbringen, ist die Mittagspause die Gelegenheit, sich Bewegung zu verschaffen. Bewegung, d.h. ein zügiger Spaziergang um den Block oder in den nahegelegenen Park baut Streß ab. Es lohnt sich, die Mittagspause für Erholung zu nutzen, weil Sie dann erholter in den Feierabend gehen können.

Überstunden müssen nicht sein. Die Erkenntnis hat sich durchgesetzt, daß auch ManagerInnen keine 60 Stunden Woche haben müssen. Das ist ein Zeichen von schlechter Organisation. Ich spreche nicht von den Ausnahmesituationen, wo Sie aufgerufen sind, einmal länger zu bleiben oder wegen einer Terminsache noch Zeit dranhängen. Machen Sie sich jedoch Überstunden nicht zur Regel. Sie helfen Ihnen auf der Erfolgsleiter nicht weiter. Denn entweder machen Sie sich unersetzlich – und wir wissen ja, wo das endet – oder man fragt sich, was Sie eigentlich in Ihrer tatsächlichen Arbeitszeit machen? Sabine Asgodom nennt 12 Gründe, pünktlich nach Hause zu gehen. Ich nenne Ihnen drei wesentliche davon:

• Ihre Freizeit: die Ihnen Gelegenheit gibt, Energie aufzutanken, um den Anforderungen im Berufsleben gelassener begegnen zu können.

• Ihre Gesundheit: Sie werden gesünder bleiben, weil Ihnen Zeit für andere Lebensgenüsse bleibt und Sie liebevoller sein können, weil Sie Zeit zum Reden, Zuhören und Lachen mit Ihren FreundInnen, den Partner/Innen und den Kindern haben.

• Ihre Leistungen: Sie konzentrieren sich während der Arbeitszeit auf das Wesentliche, haben weniger Fehlerquellen (weil Sie ja ausgeruht sind) und demonstrieren Ihrem Chef, daß Ihre Leistungen zählen, und nicht die Stunden.

Mit welcher Einstellung Sie in die Woche gehen, bestimmt, wie Sie die Woche tatsächlich erleben werden. Im 2. Kapitel sprach ich von den Horrorvisionen und den „das–Schlimmste–befürchten–Gefühlen", mit denen viele von uns leben. Statt sich an den zu erwartenden Pannen und Problemen zu orientieren, sollten Sie sich ein

Bild machen von den zu erwartenden Höhepunkten und positiven Erfahrungen, indem Sie sich zum Beispiel jeden Tag Zeit nehmen, den vergangenen Arbeitstag zu verabschieden und den neuen Tag zu begrüßen. Nehmen Sie sich abends 20 Minuten Zeit, um den Tag noch einmal an sich vorbeiziehen zu lassen mit den drei Fragen: Was war förderlich, was war hinderlich, was kann ich verändern? Diese kurze Rückschau verhindert, daß Sie vom Alltagsstrudel mitgerissen und überwältigt werden, denn Sie gewinnen und behalten den Überblick über Ihren Standort und die gewünschte Richtung. Diese Form des Abschließens entlastet Ihren Kopf und möglicherweise auch Ihre Träume. Denn es ist absolut wichtig, wie Sie in die Nacht und damit in einen gesunden und erholsamen Schlaf kommen. Finden Sie selbst heraus, was gut für Sie ist.

Hier sind einige Anregungen, wie Sie den Abend ausklingen lassen können: einen kleinen Nachtspaziergang machen, Musik hören, Lesen, Entspannungsübungen, sich gegenseitig Geschichten vorlesen.

Zusammenfassung

Ein persönlich ausgeglichenes Leben ist die Basis für beruflichen Erfolg:

- Entwickeln Sie Interessen und Aktivitäten neben Ihrem Beruf.
- Nehmen Sie sich Zeit für sich und Dinge, die Ihnen Spaß machen.
- Entdecken Sie Ihre Energiespender.
- Holen Sie sich das Lachen ins Büro.
- Beginnen und beenden Sie den Arbeitstag positiv.

6.
Den Erfolg sichern

„Networking" – Ihr Unterstützungsnetz

„Ich hab' die Nase voll. Mir reicht's. Seit einer Woche zieht mein Chef mit langem Gesicht an mir vorbei und würdigt mich keines Blickes. Ich muß ihm jede Information aus der Nase ziehen, bekomme keine Rückmeldungen. So kann ich einfach nicht anständig arbeiten", stöhnt Marlies. „Weißt Du", antwortet Susanne, „das ging mir im letzten Jahr genauso. Ich habe dann meinen Chef einfach um ein Gespräch gebeten und ihm dargelegt, daß ich, um gut und effektiv arbeiten zu können, auf seine Mitarbeit angewiesen bin. Das war ein tolles Gespräch, und danach ging es wieder besser ...."

Maike, Christa, Susanne und Marlies sind vier berufstätige Frauen, die sich einmal im Monat zusammensetzen, um sich beruflich auszutauschen und aktuelle Probleme miteinander zu lösen. Diese Form des aktiven Networking bedeutet für alle eine gegenseitige wertvolle Unterstützung für ihre berufliche Arbeit.

Das System gegenseitiger Unterstützung, im beruflichen Bereich auch ironisch mit „Vitamin B" (für Beziehungen) bezeichnet, gibt es schon, solange die Menschheit existiert. Die ureigenste Form finden wir in der Großfamilie. Die Großfamilie gibt es bei uns kaum noch, die Familien sind kleiner geworden, die familiären Lebensformen gesplittet. Mit dem Wachsen der Konsumgesellschaft und einem zunehmenden Rückzug ins Private ist auch eine andere Form der unmittelbaren gegenseitigen Unterstützung, die Nachbarschaftshilfe, zurückgegangen. „Selbst ist der Mann und die Frau, wir lösen unsere Probleme allein" (und eine Tüte Zucker bekommen wir jetzt auch nach Ladenschluß an der Tankstelle), heißt die Devise. Viele Menschen betrachten Formen gegenseitiger Hilfe inzwischen eher als ein Eindringen in ihre Intimsphäre, sie wollen vor Müllers und Schulzes nicht als Hilfesuchende erscheinen und dann auch noch in ihrer Schuld stehen. Eine komplizierte Angelegenheit, denn insgeheim wünschen sich wiederum viele Menschen eigentlich verbindliche Beziehungen statt einer Bindungslosigkeit.

Im Rahmen der Familie und im engsten Freundeskreis ist vielen Frauen die gegenseitige Unterstützung auf verschiedenen Ebenen vertraut und wird praktiziert: Sie tauschen Kleider (oder Babysachen), empfehlen einen guten Tischler oder Babysitter weiter und wissen, wo frau mit einem Schnäppchen rechnen kann. Außerhalb der vier Wände trennen sich dann die Welten. Im Beruf hört diese Form der gegenseitigen Unterstützung und des unkomplizierten Informationsflusses jäh auf, während es für die Männer dort gerade erst losgeht und „Vitamin B" via interne Weiterempfehlung, Geschäftsessen, Clubabende, Tagungen etc., zum vitalen Marktplatz diverser Tauschgeschäfte wird.

Der Mythos der Einzelkämpferin

„Ich schaff' das schon allein. Ich will allein wegen meiner Leistungen und nicht aufgrund von Beziehungen weiterkommen", höre ich immer wieder Frauen sagen und damit kategorisch jede Form von Beziehungshilfe ablehnen.

Ich habe im 3. Kapitel erwähnt, welche moralischen Bedenken viele Frauen mit den Formen beruflicher Verbindungen haben, und es ist ja grundsätzlich auch durchaus von Vorteil, Sinn und Zweck der geschäftlichen Kontakte und vor allem auch das Gegenüber kritisch zu überprüfen.

An dieser Stelle möchte ich den Mythos entschleiern, unter dem viele Frauen ihr berufliches Vorwärtskommen und beruflichen Erfolg sehen, nämlich als Alleingang und Einzelkämpfertum. Ich weiß nicht, was uns, wenn wir erfolgreiche Menschen in irgendeiner Form der Einzeldarstellung erleben, vermuten läßt, daß sie das alles ganz alleine schaffen.

Der Sport bietet ein gutes Beispiel für diese vordergründige Einschätzung: Wir sehen Steffi Graf spielen, kämpfen und gewinnen – auf dem Spielfeld. Eine tolle Frau, ein Erfolg nach dem anderen, denken wir. Natürlich, die Steffi trainiert eben auch hart und hat eine eiserne Disziplin. Der Erfolg ist die Steffi selbst. Das ist nur die halbe Wahrheit. Denn Steffis Talent und Disziplin und das harte Training sind die eine Hälfte des Erfolgs, die andere Hälfte des Erfolgs sind die Menschen, die sie dabei begleiten, trainieren, unterstützen und lieben: der Coach, die Eltern, die Freundin, der Freund und andere.

Viele erfolgreiche Menschen haben diese Art von Erfolgsteam im Hintergrund und haben bzw. hatten Personen, die ihnen die Steigbügel hielten. Das wird nur nicht immer so sichtbar. Und das hat nichts mit der sogenannten Vetternwirtschaft zu tun, sondern ist eine ganz menschliche Erfahrung von gegenseitiger Interessensstärkung. Denn natürlich hören wir gerne auf die Empfehlung eines geschätzten Bekannten, einer Kollegin oder eines Freundes, wenn wir einen vertrauenswürdigen Babysitter oder ein vertrauenswürdiges Unternehmen suchen. Viel anstrengender und mühseliger ist es, aus einer Vielzahl von Angeboten eine „kalte" Wahl treffen zu müssen. Beweisen muß sich Qualität und Qualifikation in der Praxis. Nicht anders funktioniert es im Berufsleben.

Abgucken zählt nicht ...?

Viele von uns haben in der frühen Schulzeit die Erfahrung gemacht, daß nur das allein Gelernte ein Beweis für unsere Leistung war. Abgucken oder sich Hilfe holen „zählte nicht" und entwertete unsere Eigenleistungen. Noch heute ist das in manchen Köpfen, wenn Frauen auf irgendeine gute Leistung angesprochen werden und antworten: „Das habe ich aber nicht alleine gemacht" oder „Da habe ich nur mitgearbeitet" oder „Das ist nicht allein auf meinem Mist gewachsen". Die Folge davon ist, daß Frauen nur Leistungen erwähnen, die sie als alleinige Urheberin ausweisen. Plötzlich erinnnern sich Frauen nicht mehr daran, was sie alles geleistet haben, weil sie ja Tagungen oder Seminare nur mit–organisiert und mit–geleitet haben.

Viele Projekte und Unternehmungen hatten aber gerade deshalb Erfolg, weil viele Ideen und Erfahrungen von vielen Menschen eingeflossen sind. Wir lernen von anderen, wir geben Wissen und Informationen tagtäglich weiter, wir machen Erfahrungen und haben Erlebnisse, und zu irgendeinem Zeitpunkt rufen wir sie ab und verwerten sie. Wir hören und lesen etwas und denken, das habe ich doch schon einmal gehört und gelesen oder vielleicht selbst gedacht, und genau das bringt uns wieder auf eine neue Idee. Nichts ist wirklich einmalig, aber die einmaligen Ideen und Leistungen von einzelnen machen eine Sache einmalig.

Sie können sich und Ihre Leistungen aufwerten, liebe

Leserin, wenn Sie zum richtigen Zeitpunkt die Hilfe anderer in Anspruch nehmen oder die eigene anbieten.

Was genau ist Networking und wozu ist es gut?

Was Networking nicht sein sollte: lästig, anstrengend, eine reine Stimmungssache, korrupt und ausbeuterisch. Networking kann Spaß machen, erfordert Initiative, ist etwas Kontinuierliches und lebt vom Geben und Nehmen. Ein Netzwerk ist ein Gewebe von ausgesuchten Beziehungen zwischen einzelnen Menschen, die Informationen, Ressourcen und Unterstützung miteinander austauschen. Kontakte können zufällig entstehen, nicht aber Networking, dessen Erfolg drei Zutaten braucht: Zeit, (manchmal) Geld und Energie. Die folgenden vier Fragen sind die Grundlage eines aktiven Networking:

1. Wie kann ich anderen helfen?
2. Wer sitzt wo?
3. Was brauche ich?
4. Wie können andere mir helfen?

Verbindungen und Kontakte helfen Ihnen, Ihre Ziele zu erreichen. Sie stellen einen unerschöpflichen Wissens- und Talente-Pool von Menschen dar, die Sie auf Ihrem Karriereweg in folgenden Bereichen wirkungsvoll unterstützen können:
- Sachliche und fachliche Unterstützung: Informationen; Ressourcen und Kontakte
- Emotionale Unterstützung: eine Schulter zum Ausweinen, Zuhören, Anspornen und Begleiten bei neuen Herausforderungen

Erfolg braucht günstige Bedingungen und ein positives Klima, das Sie nährt und fördert. Wir alle haben die

Erfahrung gemacht, daß wir besser und leichter lernen und arbeiten, wenn wir Anerkennung und Bestätigung erhalten. Und wir wissen, daß wir Probleme leichter lösen können mit Hilfe von anderen und der Gewißheit, daß wir nicht allein dastehen.

Kehren wir zu den vier Frauen zurück, um zu sehen, wie gemeinsame Problemlösung funktionieren kann:
1. Marlies erzählt ihr Problem, und ihr Problem verändert sich schon dadurch, daß sie überhaupt darüber redet. Das hat eine gewisse Entlastungsfunktion, und manchmal löst allein dieser Vorgang schon etwas aus, das die Betroffene auf jeden Fall weiterbringt.
2. Susanne und die anderen Frauen hören zu und geben Marlies ihre Sicht der Situation wieder, d.h. Marlies hat die Möglichkeit, mit Hilfe ihrer Kolleginnen ihr Problem von einer anderen Perspektive zu sehen und damit ihren Blick zu erweitern.
3. Die drei Frauen stellen Marlies Fragen, vielleicht Verständnisfragen. Dadurch wird Marlies gezwungen, zu erklären und dabei zu erkennen, was ihr unklar geblieben ist oder wo sie vorschnell Schlüsse gezogen hat.
4. Last not least, teilen Christa, Susanne und Maike Marlies die Erfahrungen und Strategien mit, die sich bei ihnen bewährt haben, geben also Wissen und wertvolle Informationen weiter, die Marlies zugute kommen.

Wissen, was Sie wollen

Es genügt nicht, nur einige Leute zu kennen. Sie sollten wissen, wobei Sie Hilfe und Unterstützung brauchen, damit Sie wissen, an wen Sie sich wenden können. Die folgende Checkliste kann Ihnen dabei helfen, zu überprüfen, welche Kontakte und Informationen Sie zur Zeit benötigen:

Ich brauche

eine direkte Rückmeldung bzw. Meinung zu ....

Informationen über ....

Wissen über Möglichkeiten zu ....

Training in ....

Hilfe bei der folgenden Idee/ demProjekt ....

ein Publikum für ....

neue Kontake, die mir helfen bei ....

Anderes ....

Wissen, wo die Kontakte sitzen

„Ich kenne ja niemanden", höre ich oft von Frauen, wenn es darum geht, herauszufinden, wer ihnen mit bestimmten Informationen weiterhelfen könnte. Bei näherem Hinschauen und Auflisten der Kontakte, die frau schon hat, stellt sich oft heraus, daß sie eine ganze Menge mehr zur Verfügung hat, als sie vermutet. Zum einen besteht ein Netzwerk ja nicht nur aus Menschen, die wir lieben und die uns nahestehen, sondern auch aus Menschen, die wir einfach nur aus verschiedenen Zusammenhängen kennen. Und das ist ebenso banal wie wichtig: Sie müssen Herrn Maier nicht heiraten, um sein Wissen anzapfen zu können, und Sie müssen Frau Müller nicht zur besten Freundin machen, um mit ihr berufliche Fragen zu erörtern. Ich formuliere das bewußt provokativ, weil ich beobachte, daß Frauen in der Kontaktpflege dazu tendieren, nach strengen Sympathieregeln auszuwählen und beim leisesten Anklang von Meinungsverschiedenheit den Kontakt eher abbrechen, als nach dem gemeinsamen Nenner zu suchen. Auch beim Networking haben Sie das Ausmaß und die gewünschte Intensität der Kontakte selbst in der Hand.

Untersuchungen haben ergeben, daß wir durchschnittlich etwa 500 Kontakte haben. Networking beinhaltet auch das Netzwerk der Menschen, die wir kennen. Es ist immer wieder faszinierend zu erleben, wie effektiv so ein Netzwerk funktionieren kann. In einem meiner Seminare warf eine Teilnehmerin die kühne Frage in die Runde, ob denn eine andere einen Kontakt zu einem italienischen Hörfunksender hätte, sie suche einen Praktikumsplatz. Absolute Stille im Raum. Ein italienischer Sender. Sie hätte genausogut nach dem Papst fragen können. Die Frauen kramten intensiv in ihrer Erinnerung, und dann kamen die unglaublichsten Ideen zusammen. Eine Frau hatte Kontakt mit Italienern und wollte diese befragen. Eine andere kannte jemanden am Theater in Florenz und war bereit, weitere Nachforschungen anzustellen. Eine andere Teilnehmerin hatte eine Tante bei Fiat sitzen und ...

Ihr eigenes Netzwerk

Wie sieht Ihr eigenes Netzwerk aus? Wen kennen Sie? Mit wem stehen Sie in Kontakt? In welchen beruflichen Bereichen sitzen Ihre Verbindungen, und mit welchen Menschen haben diese wiederum Kontakt? Ich empfehle Ihnen, auf einem gesonderten Stück Papier alle Ihre Kontakte aufzulisten. Sie werden entscheiden können, welche Verbindungen Verstärkung brauchen oder neu belebt werden müssen. Sie verfügen über ein Netzwerk, das sich im wesentlichen in vier Kategorien unterteilen läßt:

1. **Arbeitsplatz**
2. **Professionelles Netzwerk**
3. **Familie**
4. **FreundInnen, Bekannte**
5. **Dienstleistungsnetzwerk**

Der Arbeitsplatz umfaßt die Kontakte zu Ihren Kolleginnen und Vorgesetzten. An dieser Stelle beziehe ich mich vornehmlich auf Ihre betrieblichen Förderer, den Mentor oder die Mentorin. Das Professionelle Netzwerk enthält die berufsbezogenen und überbetrieblichen Kontakte mit KollegInnen sowie Verbandsmitgliedschaften. Das Netzwerk der Familie enthält die partnerschaftlichen Beziehungen, Ihre Kinder, Ihre Eltern, Großeltern, nähere und weitere Verwandte. Der Kreis von Freundinnen und Bekannten schließt auch die nachbarschaftlichen Beziehungen mit ein und alle Kontakte zu den Menschen, mit denen wir immer einmal wieder zusammentreffen. Das Dienstleistungsnetzwerk stellt die Kontakte dar, die sich über die Inanspruchnahme von bestimmten Dienstleistungen (Beratungen, etc.) ergeben. Die folgende Checkliste gibt Ihnen Anhaltspunkte für die Erinnerungsarbeit und hilft Ihnen, den Radius Ihrer Kontakte zu sichten:

Kontaktpersonen	Beruf	Kontakte zu

Familie, Verwandte
Nachbarschaft Kolleg/Innen
(auch ehemalige)
ChefInnen (auch ehemalige)
SeminarkollegInnen
Ehemalige SchulkameradInnen
Lehrerinnen, SeminarleiterInnen
Kontakte über Kindergarten/Schule
der Kinder
Club/Vereinsmitglieder
Dienstleistungskontakte

Welche Hilfe können Sie von anderen erwarten?

Wir können uns auf unterschiedliche Art und Weise unterstützen. Ich werde Ihnen sechs verschiedene Ebenen und Qualitäten von Unterstützung vorstellen.

Zu verschiedenen Zeiten in Ihrem Leben benötigen Sie unterschiedliche Hilfe. Wenn Sie aktiv Networking betreiben, ist es für beide Seiten sinnvoll zu wissen, was Sie von der anderen Person erwarten und was sie leisten kann:

1. Trainieren: Menschen, die Ihnen helfen, bestimmte Fähigkeiten und Know-how zu erwerben und zu üben.

2. Beraten: Menschen, die Sie, Ihre Arbeit und Ihre Fähigkeiten kennen und Sie deshalb qualifiziert beraten können, indem sie Sie von ihren Erfahrungen und ihrem Wissen profitieren lassen.

3. Informieren: Menschen, die Ihnen wertvolle Informationen geben können, zum Beispiel über das, was innerhalb und außerhalb Ihres Unternehmens vorgeht. Sie haben Informationen, die Ihnen nicht zur Verfügung stehen.

4. Kontakten: Menschen, die Zugang zu anderen wichtigen und entscheidenden Persönlichkeiten haben. Sie können Kontakte herstellen oder Sie jemandem empfehlen.

5. Sponsern: Menschen, die Ihre Ideen und Vorhaben (ideell oder materiell) unterstützen und fördern, um so mehr, wenn sie in Schlüsselpositionen sitzen.

6. Lieben: Menschen, die Ihnen zuhören, Ihnen eine Schulter zum Ausweinen bieten, die an Sie glauben und

Ihnen Energie und Kraft spenden.

Liz Willis und Jenny Daisley, sprechen in ihrem Karrierebuch für Frauen mit dem Titel „Springboard" von drei verschiedenen Gruppen von Menschen:

10% helfen Ihnen, komme was wolle.
80% sind nicht speziell an Ihnen interessiert, würden Ihnen aber helfen, wenn Sie sie fragen.
10% mögen Sie nicht oder mögen die Sache nicht, die Sie vertreten, und würden eher versuchen, Sie zu bremsen.

Fazit: Mit den 10% Ihrer Fans können Sie also rechnen. Wundervoll. Lassen Sie die 10% laufen, die Sie sowieso nicht unterstützen werden. Kümmern Sie sich vor allem um die 80%, denn das ist die Mehrheit Ihrer Kontakte und Verbindungen. Auch wenn diese Menschen Ihretwegen keine „schlaflosen Nächte" haben, gehören sie zu den potentiellen „WohltäterInnen". Es liegt an Ihnen, mit entsprechender Initiative ihre Bereitschaft zur Unterstützung zu aktivieren.

Geben und Nehmen

Bei dem Gedanken, an wen Sie sich wenden können, wenn Sie zum Beispiel Probleme haben, einen sachlichen Rat brauchen, jemanden zum Entspannen wollen etc., fallen Ihnen vielleicht immer wieder dieselben Menschen ein. Das kann zu einem Problem werden. Die Verantwortung, alle Bedürfnisse zu befriedigen, kann zu einer Überforderung für Sie beide führen und Ihre Beziehung arg strapazieren. Was ist, wenn diese Person nicht mehr zur Verfügung steht? Die Verteilung von Kontakten auf mehrere Menschen ist nicht nur eine energetisch sinnvolle Sache, sondern in vielen Fällen auch effektiver. Viele Menschen wissen und können vieles. Kräfte und

Potential können optimal genutzt werden, wenn jede/r nur das Beste von sich zur Verfügung stellt.

Die Angst, anderen zur Last zu fallen, ist häufig der Grund dafür, daß Frauen Zurückhaltung im Networking üben. Daran schließt sich ebenso häufig die Frage: Was kann ich im Gegenzug geben? Beim Networking treffen wir auch Menschen, die Networking etwas einseitig betreiben. Barbara Sher (eine amerikanische Karriereberaterin) spricht von den „Mammis", Menschen, die Sie mit Ratschlägen förmlich überschütten, und den „Babys", die, wenn sie den kleinen Finger hinstrecken, die ganze Hand nehmen.

Es gibt drei Grundregeln, die das Miteinander im Networking erleichtern, fördern und schützen können:
• Das Recht, zu fragen
• Das Recht, nein zu sagen
• Das Prinzip der Gegenseitigkeit

Für alle diejenigen, die immer Angst haben, anderen zur Last zur fallen: Sie haben das Recht, um Rat und Hilfe zu ersuchen oder Informationen einzuholen. Sie sollten aber auch anderen das Recht einräumen, sie Ihnen zu verwehren. Das kann natürlich schmerzlich sein, aber es ist die Realität. Das ehrliche Nein – und das gilt ja auch für Sie umgekehrt – ist genauso wichtig wie das Ja, denn es ist ein zentraler Garant für wirkliche gegenseitige Hilfe und schützt Sie vor Selbstausbeutung. Sie können anderen erst dann eine echte Hilfe sein, wenn Sie hinter der Sache stehen, die Sie vertreten sollen, wenn Sie sie gerne machen und wenn Ihre Zeit und Ihre Kräfte im angemessenen Verhältnis zu der Bedeutung stehen, die diese Unterstützung für Sie hat.

Das Prinzip der Gegenseitigkeit bedeutet immer auch Respekt und Aufmerksamkeit dafür, wieviel Zeit und

Raum einem selbst und der anderen Person zur Verfügung stehen. Es gibt viele Möglichkeiten zu gegenseitigen „Tauschgeschäften". Sie können materieller Natur sein, wie zum Beispiel eine Einladung zum Essen, eine Konzertkarte oder einfach eine kleine Aufmerksamkeit, oder ideeller Natur, in Form von emotionaler oder fachlicher Unterstützung und Gegenleistung (von Babysitten bis zum Redigieren eines Berichts).

Gegenleistungen sind ein Dankeschön und damit die Würdigung für eine Hilfe. Welche Form Sie wählen, hängt von den Personen und den Umständen ab und natürlich von Ihrer Bereitschaft, zu geben. Das Wesentliche ist eigentlich die Rückmeldung selbst. Das kann auch ein Dankesbrief sein oder ein kurzes Dankeschön am Telefon. Wenn wir einer Person in irgendeiner Form weiterhelfen oder einen Rat geben, uns Gedanken machen oder uns engagieren, wollen wir doch auch gerne wissen, was daraus geworden ist. Wenn unsere Hilfe Erfolg gebracht hat, freuen wir uns mit und es ist auch für uns ein Erfolg. Denken Sie also daran, Menschen, die Ihnen helfen, an Ihrem Erfolg und Ihren Ergebnissen teilhaben zu lassen, das motiviert, Sie weiter zu unterstützen.

Sie als Network–Partnerin

Lassen Sie uns nun einmal Ihre Angebotsseite betrachten. Was haben Sie als Networking–Partnerin zu bieten? Was sind Sie bereit zu geben? Was verbindet sich am besten naturgemäß mit dem, was Sie sowieso gerne machen? Überprüfen Sie mit folgender Checkliste, wie Ihr Beitrag aussehen könnte:

Leute miteinander in Kontakt bringen
Ideen beisteuern
Spezielle Informationen vermitteln

Aktivitäten unterstützen
Für Ideen und Vorhaben werben
Mitarbeiten
Feedback und Kritik anbieten
Weiterempfehlen
Arbeit übernehmen
Zuhören
Bestärkung/emotionale Unterstützung
Informationen zur Verfügung stellen
Informationen ermitteln/recherchieren
Fachwissen vermitteln/austauschen

Wie kann Networking praktisch aussehen?

Im folgenden stelle ich Ihnen verschiedene Formen der praktischen Unterstützung in den Bereichen Familie, Freundinnenkreis, Arbeitsplatz, Professionelles Netzwerk und Dienstleistungsnetz vor. Viele der Anregungen verdanke ich Barbara Sher und ihrer kreativen Karrierearbeit, die ich erfolgreich in meinen Seminaren und Einzelberatungen weitergeben konnte und deren praktische Umsetzung ich begleiten durfte. Einiges mag Ihnen vertraut sein, und vielleicht haben Sie bereits ähnliche Experimente hinter sich.

Familie und Partnerschaft

Die Familie und Partnerschaft ist für viele von uns der Ort, wo Sorgen und Wünsche ihren unmittelbaren Niederschlag finden und persönliche und berufliche Vorhaben diskutiert und geplant werden. Sie ist auch „das seelische Zuhause", wo wir Geborgenheit und Schutz, Vertrauen und Liebe erfahren können. Wir alle wünschen uns eine partnerschaftliche Begleitung und den emotionalen Rückhalt, die uns bei unseren beruflichen „Eroberungszügen" das nötige Polster bieten. Wenn wir berufliche und persönliche Veränderungen vornehmen, sind die Menschen, die mit uns unter einem Dach leben, von den Auswirkungen und Konsequenzen der Veränderung unmittelbar betroffen und reagieren häufig auch entsprechend sensibel darauf. Veränderungen gehen, wie wir ja bereits gesehen haben, nicht spurlos an den uns Nahestehenden vorbei, sondern lösen in vielen Fällen Konflikte und endlose Diskussionen aus. Viele Frauen kommen aus einer Art „Dauerkampf" und dem chronischen Seiltanzakt, die perfekte Lösung für die Vereinbarung von Familie und Beruf zu finden, nicht heraus. Die stetig kursierenden Umfragen bestätigen manch eine: Karriere und Kinder sind unmöglich. Die schönen und ehrgeizigen Karrierefrauen auf den Titelblättern leisten Kinderverzicht und manch eine sogar den Verzicht auf eine Partnerschaft. Gehören die wenigen Frauen, die Familienglück und beruflichen Erfolg unter einen Hut bringen, zu einer besonderen Spezies von Superfrauen?

Hilde, 38, Reiseverkehrskauffrau, verheiratet und zwei Kinder, bereitet sich darauf vor, die Filiale ihres Reisebüros zu übernehmen: „Ich habe nach vielen Jahren Dauerstreß gelernt, daß es keine perfekte Lösung für die Vereinbarkeit von Familie und Beruf gibt, sondern nur eine, die vernünftig und handhabbar ist. Und das ist relativ, da muß jede Frau individuelle Wege finden, die für sie praktikabel sind."

Häufig suchen wir das Glück in dem Teil des Lebens, das wir nicht leben. Aber die Harmonie in der Familie wird weder durch Ihr Zuhausebleiben noch durch Ihr berufliches Engagement allein garantiert. Gerade in bezug auf die Konsequenzen für die Kinder haben in den letzten Jahren viele Untersuchungen bewiesen, daß Kinder unter der Berufstätigkeit ihrer Mütter nicht zwangsläufig leiden, sondern sie im Gegenteil begrüßen und gerne an den beruflichen Erfahrungen und am persönlich erlebten Erfolg teilnehmen, sofern die Mutter ihren Beruf liebt.

Es scheint so, daß nicht das Ausmaß des beruflichen Engagements von uns Frauen das eigentliche Problem darstellt und uns möglicherweise Kraft und notwendige Unterstützung seitens der Familie raubt, sondern mehr die eigenen überhöhten Ansprüche und Erwartungen an die möglichen Lösungswege. Dabei bieten die „sowohl-als-auch"-Lösungen mehr Chancen als die festgefahrenen „entweder-oder"-Lösungen, die oftmals nicht weiterführen und nur faule Kompromisse ergeben.

Wenn Sie für ein berufliches Vorhaben die Unterstützung Ihrer Familie haben wollen, dann müssen Sie sich diese holen.

Gudrun ist Sekretärin und möchte sich zur Betriebswirtin fortbilden. Sie plant, ihre jetzige Stelle in Teilzeit umzuwandeln, damit sie die berufsbegleitende Umschulung erfolgreich absolvieren kann. Mit diesem fertigen Plan im Kopf geht sie zu ihrem Mann und erzählte ihm ihr Vorhaben. Nun sitzt Gudrun in meiner Beratung und ist sehr enttäuscht: „Ich wußte, daß das nicht funktionieren wird. Er läßt mich einfach nicht beruflich weiterkommen, sondern hindert mich daran. Dabei habe ich ihn während seines Studiums auch unterstützt und war Alleinverdienerin". „Was ist passiert?" frage ich. „Er hat einfach nur abweisend in seinen Bart gebrummelt, ich dachte, er freut sich über meine Entscheidung, nachdem ich ihm schon ein Jahr lang mit meinem beruflichen Frust in den Ohren liege!"

Gudrun zieht einen voreiligen Schluß. Sie nimmt die momentane Reaktion ihres Partners für eine endgültige Stellungnahme gegen ihre Pläne. Hindert er sie wirklich an ihrem Vorhaben? Erst einmal fällt er ihr auf jeden Fall nicht freudig um den Hals. Soweit seine momentane Reaktion und soweit Gudruns Erwartungen an ihn, daß er das tun möge. Gudruns Wunsch ist verständlich, aber die Reaktion ihres Partners nicht zwangsläufig.

Bei einem „Er-läßt-mich-nicht-Syndrom" gehen Sie von der Annahme aus, daß eigene Vorhaben, wenn sie nicht auf Gegenliebe stoßen, unweigerlich baden gehen müssen, ein kindliches Reaktionsmuster. Sie haben zwar das Recht, Veränderungen in Ihrem Leben vorzunehmen, gleichwohl hat Ihr(e) Partner/In auch das Recht, davon nicht begeistert zu sein. Das ist jedoch kein Grund, Ihre Ziele aufzustecken.

Wie gewinnen Sie Ihre Familie für Ihre Ziele?

Wir müssen den Menschen, die uns nahestehen, Zeit einräumen, sich an die Veränderungen, die wir planen, zu gewöhnen. Gestehen wir unseren Partnern und Partnerinnen die Gefühlsregungen zu, die unsere Mitteilungen erst einmal auslösen. Anstelle von Vorwürfen und enttäuschter Resignation könnten wir sagen: „Gut, Du bist damit nicht einverstanden. Das muß Dich hart treffen. Laß uns darüber reden ..."

Oftmals brodeln unsere Vorhaben schon eine ganze Weile in uns, und wir haben innerlich bereits eine bestimmte Wegstrecke zurückgelegt. Nicht so unsere Familie oder wie im obigen Beispiel Gudruns Partner, der offenbar nicht an der Entwicklung von Gudruns Plänen teilnehmen konnte, sondern nur das „fertige Produkt" präsentiert bekam. Ihm fehlt diese Zeit der Anpassung.

Beziehen Sie Ihre Familie, auch Ihre Kinder möglichst von Anfang an in Ihre Pläne ein und lassen Sie sie an der Entwicklung, dem Wachsen der Idee oder des Projekts aktiv teilhaben. Ein fertiger Plan hat oft nicht den positiven Überraschungseffekt, den Sie sich wünschen, sondern kann als ein Überrollen empfunden werden. Familienmitglieder fühlen sich übergangen und nicht wichtig genommen. Diskutieren Sie auch Ihre Ängste mit der Familie und nutzen Sie die Ideen und Gedanken Ihrer Lieben für die Entwicklung von Lösungen. Gerade auch Kinder sind in ihrer Unbelastetheit und Unbefangenheit häufig kreative Problemlöser und stellen unkonventionelle Fragen, die Ihnen die Sache aus einer anderen Perspektive zeigen können.

Wir gewinnen andere für eine Idee, indem wir sie davon überzeugen. Lassen Sie Ihre Familie an Ihren Visionen teilhaben und Ihre Begeisterung spüren. Wir können andere bei ihren Vorhaben besser unterstützen, wenn wir verstehen, welche persönliche Bedeutung das Vorhaben für die Betroffene hat.

Gudruns Partner ist offenbar nicht erfreut von Gudruns Vorhaben. Er wird seine Gründe haben. Gudrun kann herausfinden, warum er momentan abblockt. Denn diese Gefühle sind die Ausgangsbasis für weitere Gespräche und Vereinbarungen. Häufig verstecken sich hinter einer Abwehrhaltung Befürchtungen, vielleicht Verlustängste. Die Beteiligten fragen sich, was sie verlieren, worauf sie verzichten müssen. Bedeutet Gudruns Umschulung, daß sie häufig unterwegs sein wird und die gemeinsamen Abendessen unregelmäßiger werden? Oder denkt Gudruns Partner an die geplante Überseereise, die finanziell, wenn Gudrun auf Teilzeit geht, auf wackligen Beinen steht? Es schwirren viele Ängste und Vorstellungen im Raum, die geklärt werden müssen.

Nach dem ersten Schrecken erkennt Gudrun: Will sie ihren Mann und auch die Kinder für ihre Sache gewinnen, muß sie sich mit allen zusammensetzen, um über die diversen Einstellungen, die Wenns und Abers zu ihrem Vorhaben zu reden. Sie will ihrer Familie zeigen, daß sie alle eine Stimme im Entscheidungsprozeß haben und daß es ihr um vernünftige Lösungen geht, mit denen alle gut leben können. Im Falle von Gudruns Vorhaben geht es um die Konsequenzen von eventuellen finanziellen

Einschränkungen für die Zeit der Umschulung und um eine Umverteilung der Hausarbeit. Alle Beteiligten machen sich Gedanken um die drei folgenden Fragen:

1. Was brauchen wir (grundlegende Ausgaben, Versorgung, Komfort)?
2. Was wollen wir (individuelle und gemeinsame Bedürfnisse)?
3. Worauf können wir verzichten, was können wir einschränken (Konsum, Erwartungen, vielleicht auch den Sauberkeitspegel im Haushalt)?

Gudrun bespricht mit ihrer Familie, wer in Zukunft welche Hausarbeiten übernimmt. Gemeinsam setzen sie Prioritäten in bezug auf ihre finanziellen Vorhaben und Investitionen. Die Reise wird erst einmal verschoben, dafür entstehen Ideen für interessante Kurzreisen. Gudrun und ihr Mann überlegen die Teilnahme an einem gemeinsamen Tanzkurs als Ausgleich für die zu erwartenden Zeiten, wo sich beide nicht so viel sehen werden. Gudrun vereinbart mit den Kindern Zeiten, wo sie etwas gemeinsam unternehmen werden. Die Kinder überlegen sich, wie sie ihr Taschengeld zusätzlich aufbessern können. Entschieden wurde außerdem, daß alle damit leben können, die Fenster nur noch alle drei Monate statt jeden Monat zu putzen.

Gudrun erhält von dieser Familienkonferenz sehr viel Unterstützung für ihre Pläne. Diese Form der gemeinsamen Planung bewirkt ein Zusammengehörigkeitsgefühl in der Familie. Es ist eine neue Erfahrung für alle, daß sie mit etwas nicht einverstanden sein dürfen und daß es trotzdem Lösungswege gibt, die allen irgendwie gerecht werden, wenn man bereit ist, „Tauschgeschäfte" miteinander abzuschließen. Veränderungen bieten Chancen und Freiräume für alle Beteiligten, wenn sie im Sinnne von Geben und Nehmen verstanden werden.

Wie Sie Ihr Team bei der Stange halten

Vereinbarungen sind ja eine prima Sache, aber wie sieht die Praxis aus, wenn der Tag naht, wo die berühmt berüchtigte Spül- und Putzordnung in Wirkung tritt? „Kenn' ich schon", werden Sie abwinken, „funktioniert nicht". In der Tat ist das Fleisch dann häufig schwächer als der Geist. Ob das ganze Projekt allerdings zum Scheitern verurteilt ist, hängt davon ab, wie Sie damit umgehen. Wenn Sie darauf warten, daß Ihr Sohn mit heller Begeisterung den Besen schwingt und auf sein mürrisches Gesicht mit einem „Vergiß es" reagieren, dann wird die Mission bald ihr Ende finden. Sie haben sehr schnell wieder alles in alten Bahnen, wenn Sie vergessen, was der Zweck der ganzen Übung ist: Ihre Entlastung. Diese wiederum funktioniert nur, wenn Sie auch Federn lassen, nämlich an der Idee des perfekten Haushalts (des Sauberkeitspegels und der Vorstellung, daß es jeder so machen muß wie Sie) und der Erwartung, daß der Rollentausch von heute auf morgen reibungslos geschieht. Lassen Sie Ihrer Familie Zeit, sich innerlich mit den neuen Rollen oder Aufgaben einzurichten, und lernen Sie, die Sache von Ihrer Person zu trennen. Es geht um ein gut versorgtes, relativ sauberes und gemütliches Zuhause, in dem sich alle wohl fühlen dürfen. Die Unterstützung durch Familie und Partnerschaft ist eine Sache der gemeinsamen Absprache und Vereinbarungen (auch wenn es um gekaufte Hilfeleistungen von außen geht). Wie immer bei Veränderungen geht es hier um die Schaffung von Strukturen, die für alle annehmbar sind, die aber auch, wenn sie sich nicht bewähren, verändert werden können.

FreundInnen und Bekannte

FreundInnen können eine wertvolle Begleitung beim Erreichen Ihrer beruflichen und persönlichen Ziele sein.

Viele Frauen habe eine gute Freundin, mit der sie Probleme besprechen, mit der sie sich auch beruflich beraten oder berufsbezogene Informationen austauschen. Die gegenseitige Inanspruchnahme von Unterstützung hat jedoch oft enge Grenzen, beide wollen die Freundschaft nicht überstrapazieren, denn schließlich hat ja jede eine Menge anderer Dinge in ihrem Leben zu bewältigen.

Freundschaften können auch fast familiäre Strukturen entwickeln. Man kennt sich über einen gewissen Zeitraum und hat doch oft nur Einblick in einen ganz kleinen Ausschnitt aus dem Leben der Freundin oder des Freundes. Wir erleben die Freundin im Freizeitbereich und nicht im Beruf. Wir wissen, daß sie phantastische Feste organisieren kann, aber wir wissen oft zu wenig über ihre sonstigen Talente und Fähigkeiten.

Eine gute Freundin von mir – wir kennen uns seit zehn Jahren – bat mich einmal um professionelle Begleitung bei ihrer beruflichen Entscheidungsfindung für eine gewisse Zeit. Sie wollte meine fachliche Unterstützung als Beraterin und bestand darauf, die Beratungen zu honorieren wie jede andere Klientin, die meine Beratung beansprucht. Ich war dazu bereit, schlug ihr aber eine andere Form des „Tauschgeschäfts" vor. Ich wußte, daß sie sich in der Farbtherapie, einer körperbezogenen Heilmethode, fortgebildet hatte und seit einem Jahr praktisch damit arbeitete. Meine Freundin hatte dies immer nur so am Rande erzählt, und ich muß trotz meiner Neugier wohl lange das Gefühl gehabt haben, daß mir dieser Teil ihres Lebens wohl nicht zur Verfügung stand. Ihre klare Bitte um Unterstützung gab mir den Mut, nun auch sie zu fragen. War sie bereit, im Gegenzug, mich zu behandeln? Sie war einverstanden.

Diese gegenseitige Begleitung und fachliche Unterstützung war für uns beide eine große Bereicherung.

Welche Gelegenheit, das Wissen und die Kompetenz der anderen praktisch zu erfahren, die wir sonst nur aus Gesprächen kannten. Ich persönlich war fasziniert davon, meine Freundin in einer Rolle agieren zu sehen, die mir bislang vollkommen verborgen geblieben war. Es war schön für uns, diese Potentiale miteinander teilen zu können. Darüber hinaus brachte uns diese gemeinsame Arbeit auch auf neue Ideen für unsere eigene Arbeit und bestärkte unser Interesse, diese neu entdeckte Möglichkeit der Zusammenarbeit anderweitig fortzusetzen.

Gutgemeinte Ratschläge

Freundschaftliche Formen der gemeinsamen Unterstützung erfordern eine große Portion Offenheit und die Bereitschaft, immer wieder „eine neue Seite aufzuschlagen". Manchmal ist es sinnvoll, für einen Moment zu vergessen, was wir bereits über die andere wissen und welche Erfahrungen wir miteinander gemacht haben. Sonst laufen wir Gefahr, „alles immer besser zu wissen" oder „es schon von vorneherein geahnt zu haben". Nichts ist frustrierender als gutgemeinte Ratschläge von FreundInnen, die meinen, uns doch so gut zu kennen. Wirkliche Hilfe erfordert aufmerksames Zuhören ohne Wertung. Wenn wir Unterstützung anbieten, sollten wir das Ziel der anderen und nicht unser eigenes vor Augen haben. Das bereits angedeutete „Mammi–Verhaltensmuster" vermeiden wir, indem wir fragen, „Wie kann ich Dir helfen?", und indem die andere uns wissen läßt „Ich hätte gern Deine Ideen zu ... oder Deine Unterstützung bei ...". Wir sollten feinfühlig bleiben für das, was von uns gefragt ist und was nicht, und uns immer auch vergewissern, ob die andere unsere Einschätzung zu einer Sache auch hören will oder unsere Unterstützung auch braucht.

Aber was ist, wenn unsere brillianten Ideen keinen Niederschlag finden, unsere klugen Vorschläge nicht befolgt werden? Setzen Sie sich und die Betroffenen nicht unter Druck. Sie können nicht das Leben der anderen leben und ihr die Entscheidungen abnehmen. Jede hat ihr eigenes Tempo, geht ihren eigenen Weg. Und trotzdem sind die Anregungen und Ideen, die wir füreinander haben, wichtige Mosaiksteinchen auf dem Weg zum gewünschten Ziel.

Suchen Sie sich auf dem Weg Ihrer Veränderungen die Menschen, die Ihnen Energie geben, statt sie Ihnen zu nehmen. Menschen, die neugierig und mutig genug sind, Sie auch auf ungewöhnlichen Wegen zu begleiten. Und naturgemäß haben wir jede Menge (tatsächlich) gute Ideen und Mut – für andere. Das gilt es zu nutzen.

Die Kreativität der „NichtexpertInnen"

Wissen Sie eigentlich, wieviel Ideenreichtum und Kreativität Ihnen im eigenen Freundes–und Bekanntenkreis zur Verfügung stehen, wenn Sie sie aktivieren oder abrufen würden? Welche phantastischen ProblemlöserInnen, StrategInnen und gute TrainerInnen ganz in Ihrer Nähe weilen, wenn Sie nur fragen würden? Und es sind oftmals nicht unbedingt die ExpertInnen, die wir brauchen, denn die sind auch manchmal ExpertInnen darin, wie etwas nicht funktioniert. Bei der gegenseitigen Unterstützung spielt die fachliche Ausrichtung nicht immer so eine große Rolle. Manchmal ist sogar die fachliche Distanz gerade ein Vorteil, weil die „Nichtexpertin" Fragen stellt, auf die wir nie gekommen wären.

Ich möchte Ihnen im folgenden verschiedene Möglichkeiten praktischer Unterstützung vorstellen, die Sie im Team von FreundInnen durchführen können. Ihrer eigenen Kreativität sind jedoch keine Grenzen gesetzt. Bei den Beispielen handelt es sich um konkrete Vorhaben, die mit Hilfe von anderen über einen abgegrenzten Zeitraum vorbereitet oder durchgeführt werden. Die vorgeführte Struktur von „Probelauf", „Persönliche Begleitung", „Projektteam" und „Ideenparty" ist auf jedes andere Vorhaben übertragbar. Alle „Übungen" leben im Grunde von dem Zusammenspiel der Ideen, der Erfahrungen und dem Wissen der Menschen, die da miteinander arbeiten, und dem Glauben an die Kraft der Wünsche und der Bereitschaft zu lernen. Sie sind Trainingsinstrumente, die Sie auf dem Weg zu Ihrem Karriereziel fit machen. Sie zeigen Ihnen, daß der Weg bereits das Ziel enthält.

Hertha F. soll in ihrer Abteilung bei der nächsten Besprechungsrunde die Ergebnisse ihrer Untersuchung vorstellen. Sie ist unsicher, wenn es darum geht, vor einer Gruppe zu sprechen. Außerdem fürchtet sie Fragen, die sie nicht beantworten kann. Sie möchte diese Präsentation im kleinen Freundeskreis vorbereiten und proben. Sie fragt Rolf und Susanne, ob sie für einen Abend vorbeikommen könnten, sie hätte gern eine kritische Rückmeldung zu ihrem kleinen Vortrag, es gäbe auch ein Häppchen zu essen. Beide sagen zu. Hertha hat Rolf gefragt, weil der einige Erfahrungen mit Präsentationen hat, wenn auch in einem anderen Berufszweig, und für Susanne hat sie sich entschieden, weil diese Freundin immer gute Fragen stellt und sehr aufbauend in ihrer Kritik ist.

Hertha trägt ihre Ergebnisse vor; am Anfang fällt es ihr schwer, vor Rolf und Susanne zu reden; sie stockt, die Freundin und der Freund nicken aufmunternd; Hertha redet sich warm und wird sicherer. Susanne stellt Zwischenfragen, die ihr helfen, präzise und anschaulich darzustellen. Die geplante 1/2 Stunde ist herum, und Hertha läuft immer noch auf Hochtouren. Rolf gibt ihr ein paar Tips, wie sie einen guten Einstieg findet, und Susanne sagt ihr, wo sie Verständigungsschwierigkeiten hatte und wo sie noch kürzen könnte. Die Rückmeldungen der beiden sind aufbauend und hilfreich für Hertha. Allein das Reden und Darstellen vor der Gruppe hat ihr ein Stück mehr

Selbstvertrauen gegeben und sie auch in ihrer Kompetenz bestärkt. Sie weiß jetzt besser, was sie weiß und was ihr noch fehlt. Rolf und Susanne haben ihr ein paar Orientierungshilfen mit auf den Weg gegeben, wie sie auch mit der „Lücke" selbstbewußt umgehen kann. Auch Rolf und Susanne hat diese „TrainerInrolle" Spaß gemacht. Aus der Distanz läßt sich vieles besser beurteilen als bei sich selbst. Gleichzeitig verstärkt und bestätigt die Beobachtung und das Nachdenken darüber das eigene Lernen. TrainerInnen lernen immer auch etwas für sich selbst.

Ihre persönliche „Begleitung"

Sie haben ein schwieriges Gespräch vor sich, oder Sie haben sich vorgenommen, in der nächsten Woche eine neue Bewerbungskampagne zu starten. Es gibt Momente, da verläßt Sie der Mut, oder Ihr Selbstvertrauen sinkt nach einigen Absagen auf Null. Das ist der Zeitpunkt, wo Sie eine Schulter zum Ausweinen oder eine gelassene Zuhörerin brauchen, die Sie läßt, wie Sie sind, Ihnen eventuell beipflichtet, „daß das Leben Sie wirklich hart beutele" (schließlich wollen wir uns einfach auch einmal richtig schlecht und bemitleidenswert fühlen dürfen) oder Sie einfach zu heißer Schokolade einlädt.

Diese persönlichen BegleiterInnen sind wichtig, weil sie Energie reaktivieren können, indem wir abladen, herauslassen, Verständnis erfahren und Kraft sammeln für die nächsten Touren. Dann aber brauchen wir manchmal Menschen, die uns helfen, die nächste Hürde zu nehmen, nach dem Hinfallen wieder aufzustehen und „am Ball zu bleiben". Das sind die sogenannten Check–ups, die mit Zeitplan arbeiten, zum Beispiel ein Telefonanruf von Hilde, die fragt: „Na, wie war das Bewerbungsgespräch?" oder „Du wolltest bis Dienstag einen Termin mit Deinem Chef vereinbart haben, wie sieht's aus?" Sie bestimmen natürlich, welche Unterstützung Sie dabei haben wollen. Bei dieser Art der Projektbegleitung ist das Wesentliche allerdings, daß Sie Termine miteinander vereinbaren, ob für eine „Aufwärmhilfe" oder ein „Check–up Gespräch". Sie vereinbaren ein Treffen oder ein Telefonat zu einer bestimmten Zeit.

Diese Form der Begleitung kann eine wertvolle Unterstützung bieten für eine Vielzahl von Zielen und Vorhaben, die eine gewisse Wegstrecke und die Überwindung gewisser Hürden erfordern. Ich habe immer wieder die Erfahrung gemacht, wie motivierend und bestärkend diese Begleitung sein kann, einfach weil die Betroffene sich nicht allein mit ihrem Problem fühlt. Gleichzeitig wird sie dazu gebracht, ihr Vorhaben „öffentlich" zu machen und damit verbindlich. Es wird sozusagen „ernst" mit den Wünschen, und sie werden ernst genommen. Die Zeit des Handelns ist gekommen.

„Projektteam"

Eine weitere und sehr effektive Form der Teamarbeit für diverse Vorhaben ist das „Projektteam". Bilden Sie ein Team (auch berufsunabhängig) von 3–6 Leuten, die sich in bestimmten Zeitabständen (z.B. 2 x im Monat) für die Dauer eines Vorhabens bis zur Zielerreichung treffen. Jedes Teammitglied hat ein bestimmtes Projekt, das es umsetzen will (Stellensuche, Präsentation, Erlernen einer Kompetenz o.ä.). Die Gruppe arbeitet bei den Treffen mit einer klaren Struktur. Drei Fragen werden immer wieder diskutiert:
1. Das Vorhaben bzw. Berichterstattung
2. Was ist das Problem (zur Zeit)
3. Der nächste Schritt (mit Zeitvereinbarungen)

In der Gruppe werden Lösungsmöglichkeiten zusammengetragen und vor allem Aufträge für die betroffene Person formuliert. Bei jedem Treffen kommt jede/r an die

Reihe, und für eine halbe Stunde hat die betroffene Person – im Rotationsprinzip – die volle Aufmerksamkeit und gezielte Beratung der anderen. Diese Form der Teamarbeit braucht eine Zeitstruktur und eine gewisse Disziplin, um effektiv zu sein. Vergessen Sie nicht die einzelnen Erfolgsmeldungen gebührend miteinander zu feiern.

„Ideenparty"

Susanne B. spielt mit dem Gedanken, sich selbständig zu machen. Die Idee zum Partyservice kam ihr vor einem Jahr. Lange genug hat sie sich alleine damit beschäftigt. Jetzt braucht sie Ideen von anderen dazu und vor allem die Einschätzung von Menschen, die sie gut kennen. Susanne will ihre Vision von Selbständigkeit Freunden und Freundinnen vorstellen und sehen, ob der Funke überspringt, und wie klar sie mit ihrem Vorhaben schon ist, oder woran es noch mangelt. Sie lädt fünf Freundinnen und Freunde zu einer Ideenparty ein. Jede/r darf einen Gast mitbringen und auch ein eigenes Vorhaben zum Vorstellen und – da der Abend keine bierernste Angelegenheit ist, sondern Spaß machen soll – etwas zum Trinken. Susanne bäckt eine Pizza. In ihrem Wohnzimmer bereitet sie Packpapierrollen (die dann an der Zimmertür fixiert werden) und Stifte vor.

Susanne stellt ihr Vorhaben vor und spricht über die Fragen, die für sie noch offenstehen, und auch über die Hürden, die sie bei der Umsetzung befürchtet. Dann fordert sie alle auf, ihre Gedanken, Ideen und Erfahrungen beizusteuern. Susanne erklärt dabei kurz die Methode des Brainstormings, bei dem Ideen zu einer bestimmten Frage von allen zusammengetragen werden mit folgenden Grundregeln: so verrückt wie möglich, keine Bewertung der Idee, kein „Das darf aber nicht sein", kein „Das ist doch nicht durchführbar". Denn dann entstehen die interessantesten Gedankenbauten. Susanne fragt also zum Beispiel:

„Was fällt Euch ein, wenn Ihr an Partyservice denkt?", und die Ideen überschlagen sich. Sie werden alle auf eine Rolle Packpapier geschrieben und später geordnet. Ähnlich verfährt sie mit ihren offenen Fragen, für die sie eine Lösung sucht: „Wo bekomme ich günstige Großküchengeräte?"

Die Kreativität der Gäste ist jetzt so richtig angeheizt. Diverse Erfahrungen mit Partyservice werden ausgetauscht, einer kennt jemanden, der wiederum günstig an Großküchengeräte herankommt, wo man auch mieten kann. Die ersten pfiffigen Werbeslogans entstehen, und es wird viel dabei gelacht. Eine Freundin ist so begeistert von der Idee des Partyservice, daß sie ihre Mitarbeit anbietet ...

Diese Art der gemeinsamen Ideensammlung kann helfen, aus dem eigenen Teufelskreis von „Ja, aber–Sätzen" herauszukommen und die Weite statt der Beschränkung zu sehen. Es ist im wahrsten Sinne des Wortes überwältigend, was da an Möglichkeiten zusammenkommt, und welche neuen Formen des Miteinanders sie bewirken. Sie werden an so einem Abend 5cm über dem Boden schweben und das Gefühl haben, die Welt liege Ihnen zu Füßen. Natürlich sieht die Welt am nächsten Morgen auch erst einmal wieder anders aus und natürlich können wir nicht alles jetzt und sofort haben. Diese Ideenpartys ersetzen das Handeln nicht, aber sie zeigen ein Stück vom blauen Himmel. Und das brauchen wir für die Umsetzung von Vorhaben und Visionen.

Ihr Professionelles Netzwerk

Seminare und Tagungen

Der berufliche und fachliche Austausch mit Berufskolleginnen ist von unschätzbarem Wert für Ihre berufliche Karriere. Sie treffen sie auf Tagungen, Seminarveranstaltungen und in den Verbänden. Insbesondere Tagungen und Seminare bieten eine gute Gelegenheit, über den Tellerrand der eigenen beruflichen Situation hinauszuschauen und Informationen über andere Berufe, Positionen und Unternehmen zu erhalten. Neben der fachlichen Weiterbildung auf solchen Tagungen spielen die persönlichen Begegnungen eine zentrale Rolle. Nutzen Sie bei diesen Gelegenheiten die Möglichkeiten zum Gespräch und Kontakt mit anderen TeilnehmerInnen – und tauschen Sie Ihre Visitenkarten aus. Visitenkarten sind eine praktische und elegante Möglichkeit des unkomplizierten Austauschs von Kontakten, die sich einmal als nützlich erweisen können. Meine Empfehlung: Seien Sie nicht allzu zurückhaltend mit der Vergabe (als wär's eine Einladung zum Rendez-vous), aber sammeln Sie nicht blindlings Visitenkarten, um sie dann in einer Schreibtischschublade vergilben zu lassen. Machen Sie sich sofort Notizen oder vermerken Sie ein Stichwort (mit Bezug auf das geführte Gespräch) als Erinnerungshilfe auf der Visitenkarte der Person, die für Sie als Kontakt interessant ist. Wenn Sie sich gerne diesen Kontakt warmhalten wollen, dann sollten Sie sich unbedingt nach der Tagung in Form eines kurzen Telefonats oder eines kurzen Schreibens – eventuell mit einem Dankeschön für das anregende Gespräch – noch einmal in Erinnerung bringen. Sie können dann müheloser zu einem späteren Zeitpunkt, wenn ein konkreter Anlaß besteht, wieder anknüpfen.

„Small talk"

Auch an Ihrem Wohnort gibt es zahlreiche Möglichkeiten des Networkings. Überprüfen Sie die Veranstaltungsprogramme der örtlichen Handelskammer, Wirtschaftsverbände und Weiterbildungsträger und besuchen Sie regelmäßig Veranstaltungen und Vorträge, die Sie interessieren.

Einige Frauen scheuen zusätzliche Termine am Abend – nicht nur aus familiären Gründen – zumal der unmittelbare Nutzen eventueller Kontakte nicht immer so greifbar scheint. Berufliches Weiterkommen ist jedoch häufig ein Ergebnis aktiven Networkings – die halbe Miete sozusagen. Suchen Sie die Orte auf, wo die Menschen sich aufhalten, die Sie treffen wollen, in deren Kreisen Sie sich bewegen wollen. Wie soll die Welt erfahren, daß es so eine intelligente, kompetente und ambitionierte Frau wie Sie gibt, wenn Sie sich nur von 8–17 Uhr ins Leben begeben? Wie in Ihrem Unternehmen so ist auch beim Networking Sichtbarkeit und Präsenz gefordert. Schaffen Sie Gelegenheiten, um sich gerade auch an Ihrem Wohnort mit Kolleg/innen aus verschiedenen Berufsbereichen zu vernetzen.

Networking bedeutet, aktiv auf andere zuzugehen und sich vorzustellen. Das fällt vielen Frauen schwer. Zwei Dinge sind hier wichtig: eine klare Vorstellung der eigenen Person und ein „Türöffner". An Small Talk ist wirklich noch niemand gestorben, eine kleine Portion Oberflächlichkeit hilft Ihnen, ins Gespräch zu kommen über die Veranstaltung selbst, Ihr Interesse am Thema und natürlich an Ihrem Gegenüber. Networking ist einfach eine sehr gute Übung, sich ein Stück weit persönlich und beruflich darzustellen und sich auf verschiedene GesprächspartnerInnen einzustellen.

Gerda, Kunstpädagogin, hat so ihre neue Stelle gefunden. Sie besucht einen Vortrag über eine zeitgenössische Künstlerin und trifft dabei auf eine ehemalige Kollegin, die in einem Museum in der Nachbarstadt arbeitet. Sie kommen ins Gespräch, Gerda erzählt von ihrer Stellensuche. Die Kollegin erinnert sich sofort an eine frei werdende Stelle in der museumspädagogischen Abteilung, da die Mitarbeiterin ins Ausland gehen wird. Gerda erhält von ihr nähere Informationen für die Bewerbung und das Angebot, sich für sie stark zu machen.

Networking heißt nicht, daß Sie mit Argusaugen und der Visitenkarte „im Anschlag" eine Veranstaltung nach der anderen aufsuchen müssen. Nehmen Sie es auch hier spielerisch und vergessen Sie den Spaß dabei nicht. Besuchen Sie Veranstaltungen, die Sie wirklich interessieren (auch kulturelle Veranstaltungen können zu interessanten Kontakten führen), und gehen Sie in Begleitung, wenn Sie alleine nicht gehen wollen. Beginnen Sie mit Networking im vertrauten Umfeld, wo Sie schon ein paar Leute kennen, und ziehen Sie dann immer größere Kreise. Entscheidend beim Networking ist die regelmäßige Präsenz, mit der Sie „draußen" sind. Lassen Sie andere wissen, wer Sie sind, damit man Sie auch wirklich finden kann.

Frauenverbände– und Netzwerke

Fachverbände sind eine weitere gute Möglichkeit, Erfahrungen auszutauschen und Ihr fachliches Wissen zu erweitern. Im Rahmen von Verbänden finden auch Tagungen und Fortbildungen statt, eine wichtige Gelegenheit, Ihr Fachwissen auf den neuesten Stand zu bringen und aktuelle Entwicklungen mitzuverfolgen.

Mittlerweile gibt es eine große Anzahl von Frauenfachverbänden und Frauennetzwerken (s. Anhang). Frauennetzwerke haben den Vorteil, daß Sie hier auf Frauen aus unterschiedlichen Berufen und Positionen treffen und die Lobby der Frauen verstärken können. Darüber hinaus erweisen sich diese Netzwerke und Verbände als wahre „Karrierewerkstätten", wo bewährtes Wissen weitergegeben, Erfahrungen ausgetauscht und Strategien entworfen werden. Die Netzwerke stellen eine notwendige Balance her zwischen der häufig erlebten „Selbst ist die Frau und allein auf weiter Flur"-Position und dem Bedürfnis nach gleichgesinnter Kommunikation und Gemeinschaft. Hier erfahren Sie, daß trotz aller Unterschiedlichkeit die Kämpfe die gleichen sind. Hier finden Sie Rollenmodelle vor, an denen Sie sich orientieren und mit den gegenseitigen Erfolgen „aufladen" können.

Frauennetzwerke sind ein unerschöpflicher Pool an Talenten, Kompetenzen und Erfahrungen im Sinne von Geben und Nehmen und gleichzeitig Übungsräume, wo Sie über die Organisation von diversen Aktivitäten und die Übernahme von Aufgaben und Verantwortung Kompetenzen entwickeln und stärken können.

In Zeiten der Veränderungen und beruflichen Krisen können diese Interessensgemeinschaften starken Rückhalt, emotionale und fachliche Unterstützung bieten. Wo sonst können Sie völlig „ungeschminkt" über Angelegenheiten reden, die Sie in gemischter Runde nicht offenbaren würden, weil manche Dinge zu vieler „Erklärungen" bedürfen würden.

Networking mit Berufskolleginnen verläuft natürlich nicht immer nur in schwesterlicher Liebe. Hier begegnen Sie auch Ihrer Konkurrenz und haben reichlich Gelegenheit, sich miteinander zu messen. Es ist eben wie im wirklichen Leben und von hohem Trainingswert. Wir können jedoch lernen, daß wir nicht an Kompetenz verlieren, bloß weil auch andere kompetent sind. Wir können trotzdem „miteinander ins Geschäft kommen".

Am Arbeitsplatz
Der Mentor/die Mentorin

Die wichtigste Unterstützung innerhalb Ihres Unternehmens bieten die Menschen, die über jahrzehntelange Erfahrung und großes Wissen verfügen, weitreichende Verbindungen haben und großes Vertrauen und Ansehen genießen. Eine Mentorin/ein Mentor ist eine Person, die eine höhere Position innehat als Sie selbst und mit der

Sie eine Art Lehrer/In/Student/In-Verhältnis unterhalten. Eine Mentorin/ein Mentor verschafft Ihnen den Zugang zu wichtigen Informationen und Kontakten, öffnet Ihnen für Ihr berufliches Weiterkommen entscheidende Türen und berät Sie bei Ihren beruflichen Schritten. Er/sie gibt Ihnen Impulse, empfiehlt Sie weiter, vermittelt Ihnen Projekte und führt Sie in die betrieblichen Spielregeln ein. Im Gegenzug revanchieren Sie sich mit Arbeitsentlastung oder Ideenbeiträgen zu seinen/ihren Projekten.

Mentoren gab es schon immer, es waren häufig die Senioren, die als Karriereförderer dem jungen Führungsnachwuchs in die Steigbügel halfen. Neu dagegen ist der Mentor/die Mentorin als eine bewußt gesuchte Beziehung von karrierewilligen Frauen. Aber wie finden Sie Ihre Mentorin/Ihren Mentor?

Betreiben Sie aktives Networking in Ihrem Unternehmen, und suchen Sie nach Gelegenheiten, die Sie in andere Abteilungen, auf Besprechungsrunden, in abteilungsübergreifende Projekte und in die Filialen führen. Verfolgen Sie aufmerksam die Unternehmenspolitik in Ihrem Hause und lesen Sie auch Wirtschaftsinformationen, die Ihr Unternehmen betreffen, also auch die Internas, Geschäfts– und Jahresberichte. Zetteln Sie gut informiert Gespräche an, stellen Sie Fragen und nutzen Sie die Erfahrung der Älteren und Erfahrenen. Eine Beziehung zu einer Mentorin oder einem Mentor entwickelt sich, sie ist nicht von heute auf morgen da, und sie gründet vor allem immer auch auf der Basis gegenseitiger persönlicher Sympathie.

Was hat der/die Mentor/in davon? Es gibt sicher viele Gründe für eine(n) MentorIn, „JuniorInnen" als Berater zu begleiten. Vielleicht hat er/sie das Bedürfnis, Ihnen die Chancen einzuräumen, die er/sie früher nicht hatte. Vielleicht genießt er/sie es, in nun arrivierter Position, Jüngere bei ihren Herausforderungen zu begleiten und die Geschicke „mitzulenken". Die Geförderten sind für die FörderInnen der Kontakt zur Basis, von denen sie wichtige Informationen erhalten. Last not least, wer hat nicht gerne BewunderInnen ganz in nächster Nähe.

Nicht immer unproblematisch ist das Mentorenverhältnis zwischen Frauen und Männern, wenn erotische Anziehung eine Rolle spielt. Hier gilt es, eine deutliche Distanz zu wahren.

Auch eine ausschließliche Fixierung auf einen Berater kann eine Abhängigkeit erzeugen, die nicht nur karrierefördernd ist. Eine Mentorenbeziehung sollte zeitlich begrenzt sein. Es ist sinnvoll, nach einer gewissen Zeit des Lernens immer mal die Lehrer/In zu wechseln bzw. mehrere Berater/Innen zu haben. Ein Mentor oder eine Mentorin kann, muß aber nicht im eigenen Unternehmen sitzen. Wer immer die Person ist, der Sie Ihr Vertrauen schenken, überprüfen Sie, welche Position sie innehat und welchen Ruf sie genießt. Beruflich unzufriedene und frustrierte Mentoren sind wenig hilfreich für Ihr persönliches und berufliches Wachsen und Weiterkommen. Sie brauchen Menschen, die persönliche und berufliche Stabilität und Souveränität mitbringen und die es sich „leisten" können, Sie zu fördern und zu unterstützen.

Die Zeitschrift ELLE hat eine Checkliste für die Überprüfung eines guten Mentors erstellt. Ich habe die zentralen Aspekte für Sie zusammengefaßt. Woran erkennen Sie den für Sie richtigen Mentor/die Mentorin? Sie/er sollte:
- Interesse an Ihrer Lebens–und Karriereplanung zeigen.
- Ihre persönliche Meinungen und Einstellungen respektieren.
- Sie bei Niederlagen ermutigen.

- Ein offenes Ohr für Ihre Ängste und Zweifel haben.
- Sie in Kontakt mit Entscheidungsträgern im Unternehmen bringen.
- Ihnen konkrete karrierefördernde Ratschläge geben
- Ihnen herausfordernde Aufgaben und Projekte verschaffen.

Ihr Dienstleistungsnetz

Das Dienstleistungsnetz besteht aus den Kapazitäten, die Sie einkaufen, also der Rechtsanwältin, der Steuerberaterin, der Karriereberaterin, dem Grafiker usw. Die Frage der Gegenleistung ist hier klar geregelt. Sie zahlen für die Leistung, die Sie erhalten.

Es gibt Zeiten, da brauchen Sie professionelle Hilfe, um in irgendeiner Angelegenheit voranzukommen oder Ihre Interessen zu verteidigen. Immer wieder beobachte ich die Zurückhaltung von Frauen, die diese Investition scheuen und sich lieber mit einer Anzahl von Halbprofis im Bekanntenkreis auf eigene Faust so „durchwurschteln". Dabei ist diese Investition eigentlich eine Investition in Sie selbst.

Wir haben nicht immer die Zeit, uns in allem schlau zu machen, und es ist auch nicht sehr effektiv, weil wir die Zeit und Energie für das nutzen könnten, worin wir wirklich kompetent sind.

Wie finden Sie die richtige Beraterin?

Nutzen Sie die Empfehlungen und Erfahrungen aus Ihren diversen Netzwerken. Es gibt aber auch Fachverbände, Anwaltskammern und Verbraucherverbände, die Ihnen bei der Vorauswahl behilflich sein können. Die wichtigste Frage ist: Wen genau suchen Sie, und wobei brauchen Sie Unterstützung? Nicht alle wissen alles. Sie gehen ja auch nicht zum Augenarzt, um Ihre Ohren überprüfen zu lassen. Und so sind auch oft die Berater/Innen Spezialist/Innen für einen bestimmten Bereich. Das sollten Sie im Vorfeld genau erfragen. Lassen Sie sich Informationen und Broschüren zusenden, gegebenenfalls Referenzen nennen oder – zum Beispiel vom Grafiker – Arbeiten vorlegen. Sagen Sie der Beraterin/dem Berater, was Sie von ihr/ihm erwarten, und fragen Sie, ob sie/er das leisten kann. Sprechen Sie vorher über Honorare und Preise, lassen Sie sich einen Kostenvoranschlag oder ein Angebot machen. Nehmen Sie sich die Zeit, Angebote zu vergleichen, und scheuen Sie sich nicht, auch gegebenenfalls Berater/Innen zu wechseln, wenn Ihre Erwartungen nicht erfüllt werden.

Erfolgreich nutzen werden Sie Ihr Dienstleistungsnetz, wenn Sie genau wissen, was Sie an Hilfe brauchen, wenn Sie die diversen Beratungsmöglichkeiten kritisch überprüfen und entsprechend klare Vereinbarungen mit den Berater/Innen treffen.

Zusammenfassung

Karriere machen Sie nicht allein. Ihren beruflichen Erfolg bereiten Sie mit Hilfe von Networking vor:

- Betreiben Sie aktives Networking im Beruf und in der Freizeit.
- Verschaffen Sie sich mit Networking Zugang zu wichtigen Leuten, Informationen und Ressourcen.
- Beziehen Sie Ihre Familie und Ihren Freundeskreis in Ihre beruflichen Pläne mit ein.
- Holen Sie sich zum gegebenen Zeitpunkt Unterstützung und professionelle Beratung.

7.
Letzte Runde –
die neuen Schritte

Sie haben dieses Buch duchgearbeitet. Wo stehen Sie jetzt mit Ihren Plänen? Anhand folgender Checkliste können Sie Ihren gegenwärtigen Standort überprüfen:

Nachdem ich dieses Buch gelesen habe, plane ich folgendes:

☐ Ich bleibe, wo ich bin. Ich bin zufrieden mit den gegenwärtigen Bedingungen.

☐ Jetzt treffe ich keine Entscheidungen, sondern nehme mir das Buch zu einem späteren Zeitpunkt, am ..... noch einmal vor.

☐ Meinen gegenwärtigen Job möchte ich neu gestalten, indem ich ....

....

dazu benötige ich Training in folgenden Fähigkeiten

....

☐ Ich spreche mit meinem Chef/meiner Chefin über .....

....

☐ Ich wechsle die Stelle.

☐ Für meine persönliche Entwicklung werde ich ....

....

196

Wie bitte? So klar haben Sie das alles noch gar nicht? Es gibt so viele Dinge, die Sie ändern, so viele Ideen, die Sie umsetzen möchten? Aber wo anfangen und vor allem wie? Ich möchte Ihnen ein paar praktische Anregungen geben, wie Sie den großen Berg abtragen und Ihren Zielen auf der Spur bleiben können.

Karriereplanung ist ein kontinuierlicher Lebensprozeß. Vielleicht werden Sie Ihre Ziele nicht in Ihrem jetzigen Unternehmen erreichen, aber Ihre Bereitschaft, die Verantwortung für Ihre berufliche Laufbahn selbst in die Hand zu nehmen, wird Ihre Erfolgschancen erhöhen und Ihre Position auch am gegenwärtigen Arbeitsplatz stärken. Die Kompetenzen, die Sie sich beim Managen Ihrer beruflichen Veränderungen aneignen, werden Ihnen im Laufe Ihres Lebens bei der Bewältigung der unterschiedlichsten Aufgaben zugute kommen.

Was also brauchen Sie, damit Ihre Ziele Wirklichkeit werden? Nehmen Sie ein separates Blatt und notieren dort Ihre Antworten.

1. Visionen: Erinnnern Sie sich an die Tagtraumreise „in 5 Jahren" im 2. Kapitel? Wohin soll die Reise gehen? Wie soll Ihr Leben künftig aussehen, wie sich die Qualität Ihres Lebens verändern?

2. Prioritäten: Wie Sie wissen, können Sie durchaus mehrere Ziele in Ihrem Leben verfolgen, sie aber vielleicht nicht immer gleichzeitig umsetzen. Welches Ihrer Ziele liegt Ihnen im Moment am meisten am Herzen? Das ist Ihre Priorität. Prioritäten sind zeit- und nervensparend. Auf welches Ziel wollen Sie sich vorerst konzentrieren?

3. Balance: Welchen Dingen, Aktivitäten oder Menschen wollen Sie in Zukunft neben Ihrem Beruf mehr Raum

und Zeit geben?
In welcher Weise berühren diese Veränderungen Ihre Karrierepläne?

4. Veränderungen: Die Bereitschaft, etwas zu verändern, bedingt oftmals die Loslösung von Verhaltensweisen und Gewohnheiten, die unseren Zielen im Wege stehen, um dem Neuen Platz zu machen. Wovon möchten Sie loslassen?

5. Commitment: Das Schöne an der Zielplanung ist, daß Sie das, was Sie verwirklichen wollen, vorbereiten können, bis Sie sozusagen „reif" für die einzelnen Schritte sind. Treffen Sie eine deutliche Vereinbarung mit sich selbst, „Ich will". „Ich entscheide mich für ...". Verlassen Sie die negativen Selbstgespräche, die Sie daran hindern, Neues auszuprobieren, und schaffen Sie sich eine neue Devise, die Sie bei Ihren Zielen bestärkt: Ihre neue Devise lautet:

6. Barrieren: Es wird Zeiten geben, da tauchen „alte Bekannte" auf, Ängste und Hürden, die Sie schon bewältigt glaubten. Betrachten Sie sie nicht als Feinde, sondern schließen Sie mit ihnen Freundschaft. Von ihnen erhalten Sie wichtige Hinweise, was es noch zu lernen gilt und was zusätzlicher Vorbereitung bedarf. Welche Barrieren werden Sie auf dem Weg zu Ihrem Ziel zu überwinden haben?

7. Unterstützung: Für die Erreichung Ihrer Ziele werden Sie unterschiedliche WegbegleiterInnen brauchen, die Ihnen mit Rat und Tat, Verstand und Mitgefühl zur Seite stehen. Holen Sie sich die Unterstützung, die Sie brauchen. Wessen Unterstützung und Beratung wollen Sie für die Erreichung Ihres Zieles einholen?

8. Zeitpläne: Um Ziele verbindlich zu machen, müssen

wir uns Termine setzen, die bestimmen, wann wir was machen, wieviel Zeit wir investieren wollen für ... Das können Wochen-, Monats-, und Jahrespläne sein. Sie helfen Ihnen, die großen Ziele in kleine Schritte zu unterteilen. Ein Zeitplan entlastet Ihren Kopf und hilft sortieren. Oberstes Gesetz dabei: Zeitpläne sollen Ihnen dienen und nicht umgekehrt Sie tyrannisieren. Zu guter Letzt eine alte Zeitplanerdevise: Lasten Sie Ihren Terminkalender nicht zu mehr als 60% mit fixen Terminen aus.

Wann wollen Sie Ihr berufliches Vorhaben anpacken? Wann und wie oft werden Sie sich Zeit für Ihre persönlichen Vorhaben nehmen?

9. Bilanz ziehen: Woran merken Sie, ob Sie noch auf Erfolgskurs sind? Nehmen Sie sich in gewissen Abständen Zeit und Raum, um in der Stille Bilanz zu ziehen und zu überprüfen, ob die Richtung noch stimmt oder ob es eines Kurswechsels bedarf. Überprüfen Sie dabei immer auch Ihre Gefühle: Fühlen Sie sich wohl in Ihrer Haut? Haben Sie Raum für die Dinge, die Ihnen wichtig sind? Holen Sie sich Rückmeldungen von Ihren Chefs, KollegInnen und FreundInnen. Tragen Sie hier Ihren Termin für das nächste Bilanz-Ziehen ein: .....

10. Feiern: Führen Sie Ihr Erfolgsjournal immer mit sich. Belohnen Sie sich für Bemühungen und Anstrengungen, Ihre kleinen und großen Erfolge, und Sie werden über sich selbst hinauswachsen. Meine nächste Belohnung für .....

Ich wünsche Ihnen viel Erfolg und Freude auf Ihrem Karriereweg.

Monika Becht

Anhang

Die folgende Literaturliste enthält im Text zitierte Untersuchungen mit Quellenangaben.

Sabine Asgodom. Balancing. Beruf und Privatleben im Gleichgewicht. Düsseldorf 1992

Claudia Bernardoni / Vera Werner. Erfolg statt Karriere. Einstellungen erfolgsorientierter Frauen zum beruflichen Aufstieg. Deutsche Unesco Kommission, Bonn 1986, S. 58ff

Sonja Bischoff. Frauen zwischen Macht und Mann. Männer in der Defensive. Führungskräfte in Zeiten des Umbruchs. Hamburg 1990, S.216

Lewis Carroll. Alice im Wunderland. Übersetzt von Christian Enzensberger. Frankfurt 1963

Elle 4/93, S. 279 ff

Diane Fassel. Wir arbeiten uns noch zu Tode. Die vielen Gesichter der Arbeitssucht. München 1991

Untersuchung des Geva Instituts in: Marie Claire 4/92, S. 198 ff.

Gertrud Höhler. Spielregeln für Sieger. Düsseldorf 1991

Diane Hunt / Pam Hait. Das Tao der Zeit. Erfolgreiches Zeitmanagement. Düsseldorf 1992

Dennis Jaffe, Ph.D. / Cynthia D. Scott, Ph.D., M.P.H. Take this job and love it. How to change your work without changing your job. Simon & Schuster, USA 1988, S.112

Anne McGee–Cooper. You don't have to go home from work exhausted! Bowen + Mogers, USA 1990

Beth Milwid, Ph.D. Working with Men. Professional Women Talk about Power, Sexuality, and Ethics. Beyond Words Publishing, USA 1990

Faith Popcorn. Der Popcorn Report. Trends für die Zukunft. München 1992

Barbara Sher Wishcraft. How to get what you really want. Ballantine Books, USA 1979

Liz Willis and Jenny Daisley. Springboard. Womens Development Workbook Hawthorn Press, UK 1990

Literaturempfehlungen

Barbara Berckham / Carole Krause / Ulrike Röder
Schreck laß nach! Was Frauen gegen Redeangst und Lampenfieber tun
können. München 1993

Claudia Harss / Karin Maier.
Streß, der Preis des Erfolgs?
Aktive Streßbewältigung für berufstätige Frauen. Mannheim 1992

Sabine Kozijn
So bewerbe ich mich erfolgreich als Frau. Konkrete Strategien zur
optimalen Vorbereitung. Mannheim 1992

Diane Hunt / Pam Hait
Das Tao der Zeit. Erfolgreiches Zeitmanagement. Düsseldorf 1992

Claudia Bepko / Jo Ann Krestan
Das Superfrauen–Syndrom. Vom weiblichen Zwang, es allen recht zu
machen. Frankfurt 1991

Sabine Asgodom
Balancing. Beruf und Privatleben im Gleichgewicht. Düsseldorf 1992

Ulla Dick
Netzwerke und Berufsverbände für Frauen. Hamburg 1992

Natasha Josefowitz
Wege zur Macht. Als Frau Karriere machen. Wiesbaden 1991

Eva Havenith/Ida Lamp
So trete ich als Frau überzeugend auf. Gespräche selbstbewußt gestalten. Mannheim 1993

Christel Frey/Brigitte Kümbel
Als Frau Führungspersönlichkeit entwickeln. Ein Ratgeber für Frauen,
die mit Selbstsicherheit und Kompetenz beruflich führen wollen.
Mannheim 1993

Birgit Billen/Ellen Schepp-Winter
So bewältige ich als Frau Konflikte im Beruf. Strategien zur Lösung und
Verarbeitung von Konflikten. Mannheim 1993

Claudia Kirsch
Meine Chefin bin ich selbst. Strategien und Tips für die berufliche
Selbständigkeit. Mannheim 1993

Eine Zusammenstellung von Berufsverbänden finden Sie in dem Hand-
buch „Netzwerke und Berufsverbände für Frauen" von Ulla Dick

Weiterbildung
Trainings

Adressen von TrainerInnen und Seminarveranstaltungen finden Sie in Fachzeitschriften wie:
Weiterbildung. Jünger Verlag. Offenbach
Sekretariat. Gabler Verlag. Wiesbaden
Manager Seminare. Gerhard May Verlag. Bonn
Wirtschaftswoche. Ges. f. Wirtschaftspublizistik. Düsseldorf
Capital. Verlag Gruner + Jahr. Hamburg
Marie Claire. M.C. Verlag (Gruner + Jahr). München
Die Zeitschrift Marie Claire gibt halbjährlich einen Veranstaltungskalender heraus, den Sie anfordern können.

Studieren Sie die Wochenendausgaben der Tagespresse, die Beilagen zur beruflichen Bildung enthalten:
• Süddeutsche Zeitung
• Frankfurter Allgemeine Zeitung
• Frankfurter Rundschau
• Handelsblatt

Informationen über aktuelle Gehälter in verschiedenen Berufsgruppen, Positionen und Branchen erhalten Sie beim:
Gehaltsservice des Geva–Instituts, Pfälzer–Wald–Str. 64, 8000 München 90, Tel. 089/6861–07

Betriebliche Seminare und Veranstaltungen führen auch die lokalen Handelskammern und das in jedem Bundesland vertretene RKW (Rationalisierungskuratorium der Deutschen Wirtschaft), sowie die Bildungszentren der Arbeitgeberverbände und der Gewerkschaften durch.

Adreßliste, Netzwerke

FIM Frauen im
Management
Golfstr. 7; 21465 Wentorf
Tel.: 040-7201099

EWMD - European
Women's Management
Development Network
Rue Washington 40
B-1050 Brüssel

PÖMPS e.V.
Postfach 55
Lindenstr. 349
14467 Potsdam
Tel.: 0161-1410821

Bonner Forum
Oberaustr. 107
53179 Bonn
Tel.: 0228-347544

fif-Frauen in Führung e.V.
c/o AWW
Hagenstr. 48;
14193 Berlin
Tel.: 030-8262086

Münchner Wirtschafts-
forum
Schornstr. 8
81669 München
Tel.: 089-4485746

Arbeitsgemeinschaft
Kommunikation
Annostr. 27-33
50678 Köln
Tel.:0221-325261

Ergo
Bornemannstr. 10
60599 Frankfurt
Tel.: 069-629669

Koryphäe e.V.
Cloppenburger Str. 35
26135 Oldenburg
Tel.: 0441-16119

Verein Management
Symposium für Frauen
Postfach 884
CH-8025 Zürich

Frankfurter Forum
Hainer Weg 50
60599 Frankfurt
Tel.: 069-618060

Die Spinnen e.V.
Beratungs- und Bildungszentrum
für Frauen zur Erwerbssituation
Bäuminghausstr. 46
45326 Essen
Tel.: 0201-311071

kom!ma
Verein für Frauen-Kom-
munikation e.V.
Luisenstr. 7
40215 Düsseldorf
Tel.: 0211-383861

Spartenübergreifende Berufsverbände

Deutscher Verband Be-
rufstätiger Frauen (DVBF)
Schornstr. 8
81669 München
Tel.: 089-4485746

Vereinigung von Unternehmer-
innen e.V.
Postfach 511030
50946 Köln
Tel.: 0221-375074

Bundesverband der Frau im Freien Beruf und Management B.F.B.M.
e.V.
Im Forst 10
51105 Köln

Lobby der Frauen

Deutscher Frauenrat
Bundesvereinigung deutscher Frauenverbände
und Frauengruppen gemischter Verbände e.V.
Simrockstr. 5; 53113 Bonn; Tel.: 0228-223008

Modellprojekte des Bundesministeriums für Frauen

Baden-Württemberg

Beratungsstelle für die
berufliche Wiedereinglie-
derung von Frauen
Wilhelmstr. 14
71638 Ludwigsburg
Tel.: 07141-920781

Weiterbildungsberatungs-
stelle für Frauen; Berufl.
Förderung v. Frauen e.V.
Schloßstr. 96
70176 Stuttgart
Tel.: 0711-622878

Bayern

Frauenberatungsstelle
Kommunaler Zweckver-
band der VHS
Amtsgerichtsstr. 6-8
94209 Regen
Tel.: 09921-4084-6

Beratungsstelle für Be-
rufsrückkehrerinnen Stadt
Regensburg
Haidplatz 8
93047 Regensburg
Tel.: 0941-5072432

Beratungsstelle für
Frauen - Zurück in den
Beruf - IHK Würzburg
Mainaustr. 33
97082 Würzburg
Tel.: 0931-4194-262

Berlin

KOBRA
Koordinierungs- und
Beratungszentrum für
die Weiterbildung von
Frauen e.V.
Knesebeckstr. 33/34
10623 Berlin
Tel.: 030-8825783

Raupe und Schmetterling
Frauen in der Lebensmitte
Beratungsstelle für Be-
rufsrückkehrerinnen
Pariserstr. 3
10719 Berlin
Tel.: 030-8836929

Bremen

Zurück in den Beruf
Am Wall 165-167
28195 Bremen
Tel.: 0421-321910

Hamburg

E.F.A. Erwerbslose Frauen
Altona e.V.
Erzbergerstr. 1-3
22765 Hamburg
Tel.: 040-3902924

Hessen

Neue Wege-Neue Pläne
Verein zur berufl. För-
derung von Frauen e.V.
Varrentrappstr. 47
60486 Frankfurt
Tel.: 069-702099

Beratungsstelle f. Berufs-
rückkehrerinnen (ZAUG)
Wilhelmstr. 15
35392 Gießen
Tel.: 0641-74972

Niedersachsen

Weiterbildungsbera-
tung f. Frauen;
VHS Braunschweig
Leopoldstr. 6
38100 Braunschweig
Tel.: 0531-49617

Weiterbildungsberatung f.
Frauen; Kath. Familien-
bildungsstätte
Bierstr. 17-18
49074 Osnabrück
Tel.: 0541-27026

Nordrhein-Westfalen

Beratungsstelle ‹Frau
und Beruf›
ESTA Bildungswerk
Tannenbergstr. 23
32547 Bad Oeynhausen
Tel.: 05731-21223

Saarland

Beratungsstelle f. Berufs-
rückkehrerinnen
Kaiserstr. 8
66111 Saarbrücken
Tel.: 0681-93633-21

Rheinland-Pfalz

Frauenberatungs-
stelle ‹Zurück in den
Beruf›
Friedrich-Ebert Str. 16
76829 Landau
Tel.: 06341-4051

Schleswig-Holstein

Weiterbildungsberatung
von Frauen f. Frauen
Berufsfortsbildungswerk DGB
Schleswiger Chaussee 35
25813 Husum
Tel.: 04841-7060

Koordinierungsstelle Frau & Wirtschaft
Gesellschaft f. Wirtschaftsförderung NRW mbH
Kavalleriestr. 8-10
40213 Düsseldorf
Tel.: 0211-130000

*Wenn Sie Fragen an die Autorin dieses
Buches haben oder eine Beratung
wünschen, dann wenden Sie sich bitte an:*

You Can Karriereberatung
Monika Becht
Ostertorsteinweg 62-64; 28203 Bremen
Tel.: 0421-323727

Danksagung

Wie jedes berufliche Projekt, so ist auch dieses Buch das Ergebnis der Unterstützung verschiedener Menschen, deren Erfahrungen, Wissen und Engagement in die Entwicklung miteinfließen. Ich möchte den Frauen danken, die mir bei der Umsetzung der Buchidee unmittelbar zur Seite standen: Katerina Vatsella für ihr folgenreiches Networking, Gisela Hildebrandt für ihre konstruktive Kritik und aufbauende Begleitung, Dagmar Kreye, die meinem Schreiben den letzten Schliff gab, Melanie Schütte vom Frauencomputerzentrum Bremen, die „mouseklick-schnell" mir half, EDV-Tücken zu beheben, Ulli Marschewsky für ihre verständnisvolle und teilnehmende Unterstützung.

Bücher von Frauen für Frauen

Christel Frey
Brigitte Kümbel
Als Frau Führungspersönlichkeit entwickeln
ISBN 3-923614-65-9

Sabine Kozijn
So bewerbe ich mich erfolgreich als Frau
ISBN 3-923614-61-6

Claudia Harss
Karin Maier
Streß, der Preis des Erfolgs?
ISBN 3-923614-62-4

Eva Havenith
Ida Lamp
So trete ich als Frau überzeugend auf
ISBN 3-923614-67-5

Bücher, die Sie beruflich voranbringen